JN079741

図説 東京の論点

小池都政を徹底検証する

東京自治問題研究所＋
山本由美＋寺西俊一＋安達智則［編］

はじめに──東京都政の課題を共有しよう

　4年間の東京都政、小池都政とは何だったのか。2020年7月5日に迫った東京都知事選を前に、その真実を明らかにすることが本書の第1の目的です。政策、財政、環境、教育、福祉、まちづくり、防災など27領域に及ぶ分野からの多面的な視点や分析、エピソードによって、東京都政が抱える課題の全体像を明らかにしたいと思います。各領域の現在の課題を共有することによって、その多面的な本質が浮かび上がってくるはずです。

　財界と自民党政権に寄り添う新自由主義本流である小池百合子都知事。そこには、都民の「福祉の増進」は無視し、「3つのシティ」といった言葉遊びのようなまやかしに満ちた小池都政の本質が見えてきます。それぞれの課題が関係を持っている「大きな構図」のなかから生み出される矛盾──格差、貧困、切り捨てられダメージを受ける市民や子どもたち──を共有することによってこそ、私たちは対抗軸を見出して連帯することができると考えます。

　そして、石原慎太郎氏以降、都知事たちの悲願であった東京オリンピック・パラリンピックの開催が「延期」となり、新型コロナウイルス感染拡大の終息が見えない今、長い間の幻想や期待がはげ落ちていくなかで、私たちは、初めて冷静に東京都政を見つめることができるのかもしれません。オリンピックは一時代前の開発主義的な国民統合のシンボルであり、長い間、臨海副都心開発の「口実」でもありました。それ自体社会的統合の装置を持たない新自由主義にとっては、絶好の「装置」でした。築地移転もカジノ誘致もオリンピックにかこつけて進められてきました。オリンピック・パラリンピック開催に執着するあまり、国や都のコロナ対策が遅れたことも否めません。「延期」のためにさらに莫大な予算が都民の了承もなしに支出され、終了後の人心の荒廃、あるいは行われなかった時の荒廃は想像する

に難くありません。

●小池都政の4年とは

　2016年7月の都知事選の際には、「緑のものを持って集まって」と女性たちに呼びかけ、あたかも石原都政に代表される旧態依然とした勢力、ひいては安倍政権に対抗するリベラルであるかのようにふるまった小池都知事。彼女は「立ち位置」の政治家です。すなわち、時に「悪役」をつくって正義のヒロインを演じるという典型的なポピュリズムの手法を用いて、実はいつも「強いもの」「勝ち組」に寄り添っていく姿勢を一貫させてきました。

　都知事になったばかりの2017年3月都議選では、自民党都議を豊洲移転派の「ドン」と位置づけてマスコミを利用し、「都民ファーストの会」が127議席中55席を獲得して第1党になりました。しかしその後、逆に都議会から民主的な基盤や合議的な機能が失なわれていきました。小池都知事は就任直後から都庁に「東京特区推進共同事務局」を立ち上げ、アベノミクスを推進する国の国家戦略特区を内閣府の官僚とともに先行的に推進していくことになります。

　土壌汚染問題が発覚した築地市場の豊洲移転問題では、「築地を守り、豊洲を生かす」と宣言しながら、結果的に築地を売り渡しました。オリンピック会場問題でも、最初に高額出費に抵抗する姿勢を示しながら、都心や臨海部の再開発を財界と進める姿勢は一貫しており、オリ・パラ予算は膨れ上がっていきました。選手村用地の公示価格の10分の1での大手デベロッパーへの売却に対し、住民訴訟が起きている件などは、小池都政の本質を示しているといえるでしょう。

　しかし2017年9月の衆議院選で代表に就任した「希望の党」が敗北し、「都民ファーストの会」が急速に都民の支持を失ってからは、小池都知事は寄って立つ基盤を失っています。

　その結果、2018〜2019年からは二階俊博氏など自民党・財界との一体化を強力に進めるようになりました。2019年に、国のイノベー

ション推進キーワード、経団連の中心的政策でもあるSociety5.0を都政の中軸と掲げ、その実現に舵を切ったことは小池都知事の方針転換を端的に表しています。その検討会に召集された元ヤフー社長、宮坂学氏は副知事に招聘されました。「情報社会のその先」という触れ込みのSociety5.0は、経済発展のみならずさまざまな社会問題の解決の方途とさえ位置づけられています。都は「未来を見据えたバックキャストの改革」と称して「現在の法律・制度・仕組みに捉われず、抜本的な改革」と、国の法的規制をも超える、あたかも東京を全国の突破口に位置づけるかのような宣言をしています。全国に先駆けて行政のAI化、ビッグデータ化などの改革を進めるというのですが、結果的に公務の「民営化」、市場化、そしてそれを「口実」にした、強力な集権化、公的施設の廃止・統合、さらに住民自治や福祉の切り捨てが行われようとしています。

　コロナ禍を背景に対立していた自民党都議団幹部が選挙支持に転換し、都市主催のオリンピックを国主催であるかのごとく安倍首相が「延期」と言った日を境に、小池都知事は水を得た魚のように頻繁にマスコミに出始めました。「オーバーシュート」「ロックダウン」などの言辞で都民の危機感を煽り、「延期」決定まではコロナ検査も積極的に行わず（今もですが）、3月21日に厚労省クラスター対策班から都の感染者拡大の情報が出されてもスルーしていたのに、突然、もたつく安倍晋三首相に比して、「政治力」をアピールするようになっています。多方、感染者数が増加している3月31日に、都立・公社病院を2022年度内に地方独立行政法人化するという「新たな病院運営改革ビジョン」を予定通り公表しました。感染症を含む「不採算」部門は切り捨てられる内容で、小池都知事は、実は都民の生命を守ることになど興味はないかのようです。

●対抗軸を共有しよう

　本書の第2の目的は、新自由主義的な東京都政の対抗軸となる、

「私たち自身の東京の都市ビジョン」を展望していくことです。

　医療分野の都立・公社病院の地方独立行政法人化は、都民による多くの批判を受けています。教育分野ではSociety5.0に向けた人材養成に寄与しない都立高校の再編・統合計画が進められようとしています。しかしたとえば経済学者の宇沢弘文氏は、病院や学校こそは利潤追求の対象や市場的な条件によって左右されるべきものではなく、「一人一人の市民が人間的尊厳を保ち、市民的自由を最大限に享受できるような社会を安定的に維持するために必要」な「社会的共通資本」の代表的なものとして捉えられるべきだ、と述べています。そして、都民にとって必要な社会的インフラ、自然環境、そして教育や医療のような「社会的資本」は、広く市民のために、自治に基づき専門的知見によって管理・維持されなければならない、と指摘されています。今求められるのは、このように「大きな視座」で都政のビジョンを描いていくことでしょう。そして今日のような危機の時こそ、都市の自治が問われるべきではないでしょうか。

　本書の編著者である寺西俊一氏（一橋大学名誉教授）は、「平和都市、環境都市、人権都市、福祉都市、文化都市、自治都市としての東京の新しい都市づくり」を「日本、アジア、世界という国際的な視野の中で、相互の補完、協力、共同の関係づくりを重視した都市間の互恵的な共存ネットワークをいかに構築していくか、という視点に立って」進めていくという提起をしています。

　本書では、まだ明確な対抗軸の全体像を示すところまでは至っていませんが、各領域の課題はそのような視点に立って提起されており、それらを総合的に結びつけることで対抗軸の形成につながるものであることを願っています。

第**4**章
社会保障

都政

◉本章では、国の予算規模の1割、スウェーデン一国の予算規模に匹敵する巨大都市東京が抱える問題の骨格を解き明かしていく。小池都政の打ち出している都政ビジョンには、財界と一体化した姿を見ることができる。そのキーワードは、Society5.0だ。未来都市・東京は、AI（人工知能）とロボットに依存し支配される都市になるのだろうか。Society5.0のめざす東京像を可視化する。

◉「2020オリンピック・パラリンピック」「都心集中」「都政の行政改革」「財政・予算・税」の視点から、東京の都市と行財政問題を分析する。

◉小池都政のままでは、世界都市東京の進化へ向けた東京政策は変わらないであろう。都政の将来像、そのものが問われている。

1 小池都政の 総合的検証
——世界都市東京を進化させる東京版「Society5.0」

　本節では、小池都政の施策を概観しながら、今後の都政がどこに向かおうとしているかを検討します。まず都政をめぐる政治的対抗の構図を検討し、小池都政がそれをどのように継承・発展させようとしているのかを見ます。

　都政をめぐる政治的対抗の構図とは、政府の経済政策に呼応して東京の経済成長と都市開発、あるいは競争力強化を重視した莫大な財政支出を行う一方で、多くの都民の生活要求である介護、医療、待機児童、低賃金、住宅難そして貧困問題については市場原理を強調し自己責任化を進めるというものです。

　この構図は、石原慎太郎知事を筆頭に歴代の都政によって生み出されてきたものです。

●石原都政 ——「世界都市東京」に向けた巨大開発と福祉の縮減

　小池都政に連なる21世紀の都政の基本政策を確立したのは、1999年から2012年まで続いた石原都政でした。

　石原氏は当選後、ディーゼル車規制、大都市銀行への外形標準課税導入と新銀行東京設立、東京オリンピック招致などの独自政策で注目を集めました。しかし、石原都政の政策でその後の基軸となっていったのは、「東京構想2000」および「首都圏メガロポリス構想」(2001年)で示された、東京の「世界都市」化です。これは、東京を中心とする七都県市を首都圏として抜本的に再編強化し、ロンドンやニューヨークに匹敵する「世界最大の首都」「世界のリーディング都市」にすること、それによって国際競争力を高め、グローバル経済のなかで苦

戦する日本経済をけん引することを目的とするものです。

　これらの構想の下で取り組まれたのは、第1に、都心・副都心からなる「センター・コア」と首都圏全体を結ぶ交通・物流の基盤整備を大規模に進め、「環状メガロポリス構造」を創出することです。このため、羽田空港の国際化や東京港の大型タンカー対応化とともに、中央環状線、東京外環道、圏央道などの高速道路網整備に巨額の財政が支出されました。

　第2に、多国籍企業の本社機能や国際金融機能を集積したエリア、商業施設や大規模集客施設を集積したエリアなどを形成すべく、都市再開発を進めることです。これにより、「丸の内、日本橋、六本木、臨海地域、渋谷駅周辺」などに次々と大規模高層オフィスや商業施設、高層マンションが建設されました。

　石原知事は、任期中盤の2005年頃から「2016年東京オリンピック招致」を主張し始めました。2009年に2016年招致が失敗しいったん挫折しますが、東日本大震災直後の2011年都知事選挙では、石原は再び「東京オリンピックの2020年招致」を掲げて出馬し、再選を果たしました。

　開発重視とは逆に、石原都政では公的な社会保障・社会福祉を縮減し、民間事業者に委ねる新自由主義的な改革が推進されました。福祉分野では、小泉純一郎政権が進める社会保障・福祉の「市場化」を受け、公的給付の削減と民間化を推進しました。

　公的給付削減は、老人福祉手当の廃止（2003）、高齢者医療費助成制度の廃止（2007）、障がい者医療費助成制度への一部負担金導入と所得制限強化（2001）、シルバーパスの所得制限・一部有料化（2000）などです。都立福祉施設については、「TOKYO福祉改革STEP2」（2002）において、「選択」「地域」「競争」をキーワードとした公的福祉施設の民間化の推進を方針化します。その結果、2010年までに、3施設が廃止、23施設が民間移譲、20施設が指定管理者の管理へと移されました。

また都立病院についても、石原都政は、2病院・施設の廃止、3小児病院の統廃合(小児医療センター化)、4病院へのPFI導入、4病院の保健医療公社(第3セクター)化を進めました。

●短命で終焉した猪瀬・舛添都政

　この政策基調は、その後の猪瀬直樹、舛添要一の歴代知事の下でも継続・強化されてきました。

　猪瀬都政の下で、2020年の東京オリンピック招致が実現しましたが、医療法人徳洲会グループからの違法な選挙資金供与の疑惑によってわずか1年で猪瀬氏は辞職に追い込まれます。

　次の舛添都政が打ち出した「東京都長期ビジョン」では、8つの都市戦略で「オリンピックの成功」を真っ先に掲げ、その2では「陸・海・空の広域的な交通・物流ネットワークの形成」など都市インフラの整備を掲げています。その6では「国際経済都市の創造」など「世界をリードするグローバル都市の実現」を掲げました。

　さらに、「防災都市の実現」のうちの大半の支出は「特定整備路線」という大型道路建設費でした。また、都市構造の改革では、「首都圏メガロポリス構想」を発展させた「国際ビジネスゾーン構想」によって、都心の再開発だけでなく多摩地域・島しょ部まで視野に入れた改革を提起しています。

　しかし2016年、舛添氏は公金の私的利用に対する非難を受けて辞職します。2人の知事が都民不在の金銭スキャンダルを理由に途中辞任することによって、都政は停滞・混乱に陥っていったのです。

●小池都知事の二面性
── 演出されるイメージ／安倍政権と一体で東京の経済成長を追求

　2016年に誕生した小池都政の特徴は以下のようなものです。

　第1に、「たたかう知事」の演出です。これは築地市場の豊洲移転問題や、オリンピックの会場移転問題において、国やIOCなどの巨大組織と対決する姿勢を見せることによって、マスコミや世論に対し

「たたかう政治家」を印象づけるものでした。

　しかし、結果としてみれば、土壌汚染による安全性への懸念が払拭されないまま豊洲移転を強行し、オリンピック会場移転問題では、IOCの結論を受け入れざるを得なくなっています。「たたかう知事」はあくまで小池氏が普及したい自らのイメージにとどまっています。

　第2に、「都民に寄り添う」姿勢の演出です。小池氏は2016年都知事選挙で、「都政の透明化」「オリンピック費用の適正化」と並んで「12のゼロ」を公約しました。ここには「原発ゼロ」から始まり、「満員電車ゼロ」「待機児童ゼロ」「ブラック企業ゼロ」など多くの都民の生活要求に沿うものが含まれていました。

　しかし、これらの公約のほとんどは現在に至るまで実現されないままであり、「花粉症ゼロ」など実現の見込みの低い公約を並べたことへの批判も報じられています（『毎日新聞』2019年5月24日付）。

　第3に、東京の経済成長と国際競争力強化への注力です。これは小池氏が知事就任以来一貫して取り組んできたものであり、小池都政の中核をなすものといえます。これらは2000年以降の歴代都知事が重視してきた政策路線を受け継ぐものであると同時に、国の経済政策、特に第二次安倍政権のアベノミクスの経済成長路線と一体となったものです。

　これらを、後述する「Society5.0の社会実装」という方向で発展させようとするのが小池都政です。

●小池都政の成長戦略：2016「実行プラン」の成長目標

　小池知事は、就任5ヵ月後に「都民ファーストでつくる『新しい東京』〜2020年に向けた実行プラン〜」（2016年12月）を発表しました。同プランは、都の総合計画であると同時に、安倍政権が推進するアベノミクスに呼応する東京都の成長戦略でもあり、政府の成長戦略がめざす「GDP600兆円」を実現すべく都が取り組む内容を提起しています。

その挑戦目標として、①都内GDPを94.9兆円→120兆円に、②訪都外国人旅行者数を1,189万人→2,500万人に、③都民生活満足度を54%→70%に、④世界の都市ランキングを3位→1位に、が掲げられました。これらを実現する取組として、①海外金融系企業誘致や開業支援、②国家戦略特区を利用したAIなど最先端技術の企業誘致や参入促進、③外国人旅行者を対象とした観光の有力産業化などが提起されています。

●国家戦略特区の活用と巨大開発の進行

以上のような目標の下、東京では巨大開発が加速しています。その中心は国家戦略特区を活用した都市再開発事業です。東京圏では、**図表1-1-1**に見るような35事項、122事業が認可されています。

特に大手デベロッパーによる都市計画法の特例を活用した「国家戦略都市計画建築物等整備事業」は小池都政前の12から28に、都市再生特別措置法の特例を用いた「国家戦略民間都市再生事業」は0から38へと大幅に増加しています。

その主なものは、三菱地所による大手町常盤橋地区における国際金融・ビジネスのための超高層ビルの開発、森ビルによる虎ノ門・麻布台地区における外国人居住者向けの大規模再開発、三井不動産による日本橋室町一丁目地区におけるライフサイエンス拠点づくりなどです。また、エリアマネジメントを推進するための道路法の特例を認める「国家戦略道路占有事業」は都心以外も対象になっています。さらに、「保険外併用療養」「病床規制」「外国医師の解禁」など医療関係の事業が多いのも東京都の特徴です。

小池氏が「たたかう知事」を演出した築地市場移転問題やオリンピック会場整備問題においても、都民不在の巨大開発が進められようとしています。

●Society5.0に対応する「スマート東京」

2019年以降、小池都政の焦点は、日本経団連をはじめ財界が重視

図表1-1-1 国家戦略特区の「区域計画の認定状況」と「スーパーシティ」構想

東京圏

（東京都、神奈川県、千葉県千葉市、成田市）　国際ビジネス、イノベーションの拠点

事項数：36

事業数：123

● 都市計画法等に係る手続きのワンストップ化	● 特区民泊・都市公園内保育所
● エリアマネジメント	● 医学部の新設・農家レストラン
● 東京開業ワンストップセンター	● 家事支援分野での外国人材の受入
● 東京テレワーク推進センター	● 高度人材ポイント制度に係る特別加算
● 近未来技術実証ワンストップセンター	● 障害者雇用に係る雇用率算定の特例　他
● 外国医師の業務解禁・地域限定保育士	

※記載した分野は取組の例

**国家戦略特区制度を活用しつつ
住民と競争力のある事業者が協力し、
世界最先端の日本型スーパーシティを構想**

出所：「戦略特区の指定地域」「『スーパーシティ構想』について」内閣府地方創成推進事務局、2020年3月。

する「Society5.0」への対応、すなわちデジタル技術の革新による社会問題解決や価値創造を、安倍政権と一体となって推進することに移行します。その具体化のため2019年9月に、インターネット大手ヤフーの元社長である宮坂学氏を副知事に起用しました。

　東京の動きを後押しするように、政府は2020年2月4日、通称「スーパーシティ法案」を閣議決定しました。これは国家戦略特区法の改正案であり、遠隔医療や遠隔教育、キャッシュレス決済などが結びつくというものです。

　これらを共通にするデータ集積のための都市OSの構築が、焦眉の急として、忙されています。自治体に対しては行政情報提供することが求められてきています。

　この政府の動きと呼応するように、東京都は直後の2月7日に「スマート東京実施戦略〜東京版Society5.0の実現に向けて〜」を発表しました。これらの一連の流れから、「未来の東京」では総花的に展開された諸政策の中心が、「Society5.0」への対応にあることは明らかでしょう。

　この戦略の先行エリアとして西新宿、南大沢、都心部、ベイエリア、島しょ地域があげられています。「西新宿」は、都庁そのものが実装実験の場になることが想定されています。「南大沢」は、2020年4月から都立大学に名称を復活させてAI人材養成の場になることでしょう。「都心部」は、リニア新幹線や山手線の新駅を中心にAI・IOT（すべてのものがインターネットにつながる）・ロボットなどの最先端企業が集結し始めていて、それを加速化させるために官民連結の情報空間のなかのデータ集積に東京都の役割が期待されています。

　また「ベイエリア」は、築地市場跡地開発を含めた2020オリ・パラ大会後のEスポーツ、カジノ、ゲノム等の実装実験の場となる可能性があります。さらに「島しょ部」には、遠隔医療や遠隔教育の実装実験の場となることが予想されます。

その後、小池知事は、2月13日に経団連の中西宏明会長と、2月17日には、新経済連盟の三木谷宏史会長（楽天会長）と相次いで会談をして具体化を進めようとしています。東京都が指定をした5つの先行エリアの事業内容は、経団連や新経済連盟が実装実験を行いたい内容とほぼ一致しています。

●小池都政の視界に都民の暮らしの現実は入っているか？

　小池都政の政策の特徴と問題点は以下のようなものです。

　第1に、経済成長と社会問題解決の手段としてAIなどデジタル技術革新を位置づけ、それを都市間競争を勝ちぬく手段ともみなしているということです。

　第2に、AI等デジタル技術がすべての課題を解決できるかのような幻想を振りまく一方で、個別の政策実現の道筋を明確に描こうとしないことです。

　第3に、上記の背景として、都民の生活の困難を認識していないことがあげられます。「戦略ビジョン」が認識する「東京の弱み」は、低賃金、住宅難、生活保護世帯の増加、介護難民、児童虐待などの現実ではなく、ビジネス環境やインフラ整備の弱さです。小池都政は、都民の暮らしの困難を正面から解決する姿勢に乏しいと言えます。

　第4に、都政における住民参加や自治の強化の視点の弱さです。都民参加を強め政策に都民要求を反映させる方策については具体策がありません。デジタル化が進行するなかで、政策ごとに多様な民意の反映と合意形成を進めることをどう進めるのかが問われています。

2 AIによる「Society5.0」をめざす未来東京

●ビジョンは都知事選立候補声明

　2019年12月、小池都知事の下、都政策企画局から発表された「東京ビジョン」の構成は、①「2040年代の東京ビジョン」、②「2030年の戦略」ビジョン、③「推進プロジェクト」の3部構成になっています。「東京ビジョン」は長期戦略を装いながら2020年7月5日の都知事選挙向けた選挙戦略に紐づけされています。2040年まで小池都政は継続する保証がないからです。「東京戦略」は2040年の未来ではなく、直近の"都知事選挙"への立候補声明になっています。

●リスク無視の「ビジョン」

　一口にいって"欲張り"のビジョンが「東京ビジョン」です。

　「災害ニュースなき東京」などの誇張も多く、「多言語都市」は無謀な想いです。不可能ごとでも集票に有効ならコピペする。そんな(盗)癖精神も覗きます。

　だが、「再生可能エネルギーを基幹電源」「脱炭素の実現」「CO_2排出量ゼロ」。これらを「バックキャスト」や「パラダイムシフト」で、賢くも集票効果を狙っています。

　都民の期待が東京の脱原発と「混乱なしに移行を求めている」なので、広く票を掠め取る狙いです。

　小池都政の運営はしたたかで、初っ端（しょっぱな）でジャブを打っても直後に握手をする。マスコミを使って存在感を高めるなど、小池知事は劇場手法も得意とします。環境、福祉、医療分野でも本質的な論議はせす、「外堀には蛍」式の環境政策、「Chōju を世界語に」「介護離職を死語

に」など、「死語」や「世界語」式の文字イメージ戦略を駆使します。それらは"目くらまし""争点隠し"など、「嘘も方便」として多用します。

　現実の東京が抱える課題は多く、深刻です。近づく直下型地震、気象変動による大規模風水害・高潮の常態化、富士山を頂点とする富士火山帯・浅間山・那須岳など東京都を取囲む大規模活火山の活動期入り。これら災害多発にインフラ老朽化が追打ちする。災害形態の多様化と不十分な予知体制、発災時の退避・避難体制の未確立。250万人が住むゼロメートル地帯からの避難方法、木蜜地帯の火災対策など、過密首都東京は施しようのない危険な巨大都市です。

　「過密緩和」「集中より分散」、つまり首都移転論議こそ必要です。

●都心中心の都市政策は、「都民ラスト」になる

　池袋、新宿、渋谷、六本木・虎ノ門、品川、東京、築地、臨海部など、都心拠点を中核に据えた東京集中政策もあります。

　防災を軽視し、政権依存で各種特区制度を活用し、大企業を活躍させ、東京一極集中を助長します。それが「都心拠点中核」政策です。

　都民は求めもしない行政サービスの広範なAI化の横串刺しを指向します。「東京データハイウェイ」＝「スマート東京」は、社会基盤である行政組織と機能のAI化策です。

　23区では環状線状に集積した都心拠点を中核として、都市再開発（特区制度を利活用）とAI化推進の「スマート東京」が進んでいます。小池都政の「東京ビジョン」は都および特別区行政全領域をAI化対象にしています。

●都政と国政の一体化のAI都市

　「2030年戦略」にも「東京ビジョン」が提示されています。

　一部を切り出しましょう。「チルドレンファースト」「モバイル端末100％でスマートスクール」「女性の就業率65％」「高齢者の80％がICT（情報通信技術）で行政サービスを利用」「誰もが質の高い医療環境を」「首都圏外郭放水路、スーパー堤防」「幹線道路、交通ネットワー

ク、空港・港湾・物流機能の強化」「ビッグデータ共有、活用で社会実装プロジェクト、官民データプラットフォームの構築」「TOKYO Data Highwayで5Gのみでなく6G, 7G等の通信規格で東京がリード」「多摩を世界有数のイノベーションエリアへ」「国際金融センターランキング（GFCI）アジア1位」等々です。

●Society5.0は、政治・経済界の総結集の産物

日本のAI化法制の根拠は「科学技術基本法」（1995年制定）です。同法は5年ごとに「科学技術基本計画」を決定します。現在「第5期科学技術基本計画」（2016〜2020年度）下にあり、2020年度に第6期計画が策定されます。この計画で人工知能（AI）の開発・利活用がSociety5.0実現の鍵だとします。

そもそもSociety5.0は、世界のAI化、ビッグデータ（21世紀の「石油」）の収集・利活用、IoT、3Dプリンタ、ICT等が新行政サービスや新規ビジネスを生み出すことで、経済成長を見込みます。

政府が世界競争対応を模索し、計画を策定します。その戦略には世界から取り残されることを恐れる恐怖心があります。

今、ドイツでは「インダストリー4.0戦略」、アメリカでは「産業ネット化連係（Industrial Internet Consortium）」、中国では「中国製造2025」などが推進されています。

Society5.0は、これらに対する産業戦略です。政府が特命担当大臣（科学技術政策）の下、「人工知能と人間社会に難する懇談会」設置など、内閣府経済財政諮問会議、規制改革推進会議、未来投資会議等、内閣府組織、また各省庁所管の諸政策、総務省所掌の自治体政策にもAI化戦略が検討・実装化、「自治体戦略2040」等が提起されています。省庁間にもAI化の横串を刺し、総務省経由では地方自治体へ縦串を打とうとしています。

●Society5.0社会のスマート都市とは何か

では政府肝煎のSociety5.0とはどんな内容でしょうか。「第5期科

学技術基本計画」はSociety5.0を「超スマート社会」と命名し、以下のように記します。

　　必要なモノ・サービスを、必要な人に、必要な時に、必要なだけ提供し、社会の様々なニーズにきめ細かに対応でき、あらゆる人が質の高いサービスを受けられ、年齢、性別、地域、言語といった様々な違いを乗り越え、活き活きと快適に暮らすことができる社会。

　AI化によって、寝ていても働いても貨幣が供給されるのでしょうか。21世紀の2040年代までに「商品生産社会」、すなわち社会的分業と交換社会（商品の生産と交換、それによる消費）という社会構造を脱するとは想定できません。そして、「職業選択の自由」「失業」「貧困」という言葉がAI化によって「死語」となるとは到底思えません。

　なぜなら、AI化社会、"スマート社会"の物的装置は、膨大な情報を収集する企業や行政組織、処理・運用に関連機器、ICT装置で取引するシステム構築が必要です。

　ハードな装置、運用ソフトを生産・運用し、始めてAI化社会が動きます。この装置や運用ソフト、それを活用する主体は巨大企業とその背景の金融資本なしに機能しません。

　AI化推進は巨人装置を運用する諸巨大企業の「想い」が、政府、自治体の口を借りて政策提起されると考えられます。次世代技術の中核となるAI化システム、同関連装置・ソフト運用には、見えざる大企業が見え透いてます。

　この国の首相が文書の抹消、改竄を得意とするのと同じく、巧みに行政に語らせ、行政組織に深く食い入り、強力で、巧妙（agile、すばしこい）かつ利口（smart）、しかも冷静（cool）に日本経団連などの組織を動かす事業能力が動いています。Society5.0などによるAI化は経済・経営力で都政を牛耳る「都民ラスト」の都政に至る道に通じています。

3 都心をどうするか
――「再都市化」時代の都市問題

　日本全体で人口減少が進むなかで、東京都区部では人口の増加が続いています。将来的に頭打ちになるといわれますが、それでも当面は人口増が続くと見られます。特に都心エリアでは、超高層や大型のマンションの急増により、人口流入が着実に進んできました。

　マンション建設ラッシュを後押ししてきたのは、一連の経済政策とともに、建築規制の緩和や都心重視の都市政策です。職住近接を可能にする都心居住は、共働き世帯を中心に選ばれていますが、近年さまざまな課題も明らかになってきています。

● 「再都市化」の時代

　マンションの急増と人口流入は、区部の人口構造を大きく変えました。都心区や都心隣接区では、高度成長期以降、長らく人口減少基調が続き、都市の「空洞化（ドーナツ化）」が問題となってきました。それが1990年代末を境に反転し、今世紀に入って人口増加の傾向は確実に定着しています。

　図表1-3-1を見ると、都心3区（千代田・中央・港区）だけでなく、副都心エリア（新宿・渋谷・豊島・文京区）や東部インナーエリア（台東・墨田・荒川・江東区）、南部インナーエリア（品川・大田区）などでも、人口のV字回復が確認できます。このような人口の都心回帰は、しばしば「再都市化」と呼ばれます。

　マンションの急増にはいくつかの要因があります。工場や倉庫などの生産・物流施設が、脱工業化やグローバル化に伴って遊休化し、かつてであれば企業が塩漬けにしていた土地が、企業ガバナンスの厳格

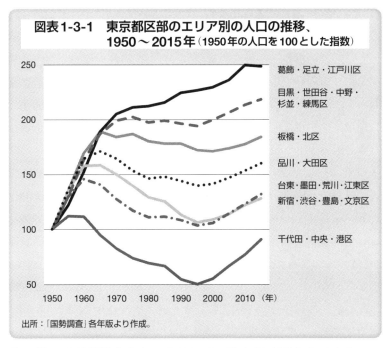

図表1-3-1　東京都区部のエリア別の人口の推移、1950～2015年（1950年の人口を100とした指数）

- 葛飾・足立・江戸川区
- 目黒・世田谷・中野・杉並・練馬区
- 板橋・北区
- 品川・大田区
- 台東・墨田・荒川・江東区
- 新宿・渋谷・豊島・文京区
- 千代田・中央・港区

出所：「国勢調査」各年版より作成。

化に伴って売却処分され、そこに手っ取り早く現金化できるマンション建設が進められました。

　バブル崩壊から「失われた10年」の地価下落は、サラリーマン層でも手が届く価格帯のマンションの供給を可能にしました。低金利・ゼロ金利政策は、不動産ブームを再燃させています。これらの複合的な要因によって、都内各所でのマンションの乱立と人口の都心回帰が進んできました。

　こうした動向を後押ししているのが都心重視の政策です。1990年代後半以降、建築規制の緩和が相次いで進められ、超高層のタワー型マンションの建設が可能になりました。小泉政権時代の「都市再生」政策や「特区」は、都心エリアでの大胆な再開発を可能にしました。「コンパクト」な会場配置を掲げる2020年オリンピック・パラリンピックも、都心再開発の起爆剤となっています。

●「都心居住」をめぐる都市問題

　タワー型マンションが登場した1990年代には、高価格帯のものが多く、一部の富裕層や投資の対象でした。その後、都心や隣接エリアでも、富裕層でなくても手が届く価格帯の住宅が大量に供給されるようになったことで、職住近接を可能にする都心居住は、共働きの夫婦世帯や子育て世帯にも広がってきました。

　少し前のことになりますが、私たちは2013年に東京都中央区内の中規模以上のマンションの居住者約1,000人を対象に、無作為抽出で質問紙調査（郵送法）を実施したことがあります（鰺坂他『『都心回帰』時代の東京都心部のマンション住民と地域生活』『評論・社会科学』111号、2014年を参照）。そのなかで住宅選択の理由を尋ねたところ（複数選択可）、最も多かったのが「交通が至便」（72%）で、次いで「職場・学校の近さ」（45%）でした。

　都心居住は職住近接を可能にしますが、その一方で、超高層・超大型マンションやその集中は、さまざまな課題を伴うものであることも近年知られるようになってきました。2019年秋の台風19号で川崎市内のタワー型マンションにおいて、浸水による停電や断水が発生し、自然災害に対する脆弱性が潜んでいることは多く指摘された通りです。いずれ建替え時期を迎えることを考えると、持続可能性に疑問を呈する論者は少なくありません。周辺の環境に与える負荷も小さくありませんし、もともとの地域コミュニティから切り離される居住スタイルも、各地で軋轢を生む原因となっています。

　当の住民たちのなかにも、日常的な不満や不安は少なからずあるようです。上述の中央区マンション調査で「生活上の不満」を尋ねたところ、「買い物」「騒音・大気汚染」「飲食店」が上位に並びました（**図表 1-3-2**）。埋立地の工場・倉庫跡地などに建てられた場合、生活インフラが少ないことや、人が住み暮らすことを想定していなかったエリアでは各種の環境問題があることを示す結果です。

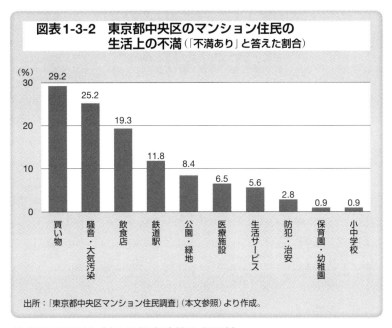

図表1-3-2　東京都中央区のマンション住民の
生活上の不満（「不満あり」と答えた割合）

(%)

買い物　29.2
騒音・大気汚染　25.2
飲食店　19.3
鉄道駅　11.8
公園・緑地　8.4
医療施設　6.5
生活サービス　5.6
防犯・治安　2.8
保育園・幼稚園　0.9
小中学校　0.9

出所：「東京都中央区マンション住民調査」（本文参照）より作成。

● 「都心問題」に対する都市政策の必要性

　都政において、相対的に恵まれているとみなされてきた区部ですが、都心エリアや都心隣接エリアにおいて、かつてと異なる「再都市化」状況があらわれているということも考える必要があります。

　たとえば、小池都政が2019年12月に策定した「東京ビジョン」では、「都心やベイエリア等、都内各地で次々と都市機能の更新がおこなわれ、常に最新の都市に生まれ変わるとともに、人が集い、憩う、便利で快適な都市となっている」とあります（p.52）。こうした都心像は、人が住み暮らし次世代を生み育てる空間ともなっている現実を十分に考慮したものといえるでしょうか。

　都心・隣接エリアにおける人口再増加に対しては、江東区のマンション規制のように、基礎自治体レベルで取り組みが行われていますが、それだけで制御しきれるものではありません。「再都市化」の現実を見据えた都市政策が、都政において求められています。

4 オリンピック2020と 足元のスポーツ環境

●東京都が描くスポーツの将来像

「東京都長期ビジョン〜『世界一の都市・東京』の実現を目指して〜」(2014年2月策定)において2つ立てられている基本目標のうちの1番目が、「史上最高のオリンピック・パラリンピックの実現」です。したがって同計画は、オリンピック・パラリンピックを1つの軸として構成されたものであるといえます。そうした同計画のなかで、日常生活においてスポーツをするための施策に関わるものとして、「第3章」の「都市戦略1」の項の「政策指針4」「世界に存在感を示すトップアスリートの育成とスポーツ都市東京の実現」などがあります。

そこでは「おおむね10年後の東京の姿」として、「2020年大会を契機に、より多くの人々がライフスタイルに応じてスポーツに親しむとともに、スポーツが健康増進に大きな役割を果たしている」、そして「障害のある人もない人も、共にスポーツを楽しめる環境が整備され、世界を代表する魅力的なスポーツ都市に発展している」と描かれています。具体的な目標は、「身近でスポーツに親しむことができる場や機会を整備」するとして「地域スポーツクラブについて、全区市町村への設置拡大やクラブ活動の活性化を進めるとともに、身近な区市町村立スポーツ施設の新築・改築等を促進するなど、地域のスポーツ環境を拡充する」。また、「障害者スポーツの理解促進と場を拡大」では、「区市町村立スポーツ施設のバリアフリー化を推進するとともに、施設利用時における配慮をまとめたマニュアルの普及を進めるなど、身近な地域における障害のある人のスポーツ施設利用を促進す

る」などがあげられています。

　同計画に沿って策定された、スポーツに直接関係する東京都の計画である「東京都スポーツ推進総合計画」(2018年3月策定) の「基本理念」は、「スポーツの力で東京の未来を創る」であり、「都民のスポーツ実施率70%を達成し、誰もが、いつでも、どこでも、いつまでもスポーツを楽しみ、スポーツの力で人と都市が活性化する『スポーツ都市東京』を実現します」としています。また、「東京都障害者スポーツ振興計画」(2014年3月策定) も同様に、障害のある人々のスポーツ参加の増加、促進を掲げています。

●目標と現実のギャップ──「公立スポーツ施設」の現状

　筆者は、順番として、都の諸計画が掲げる目標が実現したのち、オリンピックを開催するかどうかを考えるものと思っていますが、ひとまずそれはおいておきましょう。ともあれ、これらの目標の具体化は切に求められるものです。では、オリンピック開催間近の現状はどのようになっているでしょうか。日々の生活のなかでスポーツをするために特に重要なスポーツ施設についてみていきましょう。

　オリンピックの競技のための大規模施設の建設、改修が続いていますが、こうした工事に伴って東京辰巳国際水泳場、東京体育館、有明テニスの森などの施設において、「都民が利用できない」、あるいは「利用が制限される」事態がすでに起こっています。また、大規模施設は、大会後、運営やメインテナンスのために多額の費用がかかるという課題を残します。そして、都民が普通に利用するには大きすぎるなど、従来から指摘されている問題も抱えています。

　一方、身近な場での施設整備についてはどうでしょうか。

　東京都における「公立スポーツ施設」の設置数について、オリンピック招致が決まった2013年からの推移を見てみましょう（**図表1-4-1**参照）。施設種別によっては若干増えているものもありますが、全体の「施設数」は減少しています。数の面からはオリンピック開催に

図表1-4-1 東京都における公立スポーツ施設の推移

	陸上競技場		球技場		多目的運動広場		野球場	
	施設数	面数	施設数	面数	施設数	面数	施設数	面数
2013年度	41	42	94	172	117	141	242	574
2016年度	41	41	86	152	119	144	244	582
2018年度	39	40	106	190	114	137	231	563

	テニスコート		水泳場		体育館		合計	
	施設数	面数	施設数	面数	施設数	面数	施設数	面数
2013年度	251	1,062	144	304	157	236	854	3,228
2016年度	253	1,049	142	294	160	249	862	3,272
2018年度	248	1,043	143	313	161	253	831	3,233

注：施設種別を、適宜、抜粋して作成しているため、各施設数・面数の合計数と表中右端の「合計」欄の数は一致しない。
出所：東京都オリンピック・パラリンピック準備局スポーツ推進部調整課『東京都における公立スポーツ施設』各年度版をもとに尾崎作成。

よる施設整備の展開は見られず、先に引用した「身近な区市町村立スポーツ施設の新築・改築等を促進する」という都の計画目標の達成は見通せません。歴史を振り返れば、「成功体験」として語られている1964年大会ですが、この時も生活に身近なスポーツ施設の整備は進展しませんでした。今も昔も、オリンピックと地域のスポーツ施設整備とは結びついていないといえます。

●地域でスポーツをする「場」の縮小

　学校の体育施設の開放、公民館や生涯学習センターなど社会教育・生涯学習に関する施設も身近な生活圏でスポーツを行ううえでの重要な基盤です。学校統廃合の問題は別項で論じられていますが、現在、こうした公共的な「場」が統廃合によって縮小する傾向にあります。

　また、「スポーツ施設のストック適正化ガイドライン」（スポーツ庁、2018年3月策定）などの国の政策によって、人口減少、自治体財政の悪化、施設の老朽化を理由とした「適正化」の名の下に各自治体が保有する公共スポーツ施設の存廃問題が現実化しています。そして、同ガ

イドラインでは、存廃の決定のプロセスで住民参加など住民の意見を反映する手だてが明記されていません。財政面や行政の効率性などが優先され、安易に統廃合の決定がなされないように、各自治体、地域での動向に目を向けておく必要があります。

●「権利としてのスポーツ」の理念

　新型コロナウイルスの世界的な感染拡大が、いつ終息するのか誰も断言できない中でオリンピックの「1年延期」が決定されました。開催関連経費が当初予算の何倍にも膨れ上がっているうえに、さらなる費用負担が避けられず、また、安全などないがしろにして何がなんでもと開催が強行されることなど、問題は枚挙に暇がありません。

　そもそも、競技大会の開催だけがオリンピック運動の目標ではありません。オリンピック憲章で「スポーツをすることは人権の1つである。すべての個人はいかなる種類の差別を受けることなく、オリンピック精神に基づき、スポーツをする機会を与えられなければならない」と謳われています。スポーツをすることが誰にでも認められる権利であることは、ユネスコが1978年の総会で採択した「体育・スポーツ国際憲章」(改訂された「体育・身体活動・スポーツに関する国際憲章」は2015年総会で採択)など、国際的に承認されてから40年以上経っています。

　「権利としてのスポーツ」の理念の実現のための環境は、これまで検討してきた施設にとどまらず、指導者、専門職員など多様な人的資源、推進組織、公的サポートなど多岐にわたります。これらの充実は一朝一夕に果たされるものではなく、オリンピックの熱狂で自然と生み出されてくるものでもありません。地道に積み上げていく取り組みとそれを支える公共的な仕組みが必要です。

　オリンピックの本来の理念、目標である平和な社会の実現とともに、身近な生活圏で誰もがスポーツにアクセスすることができる足元の環境を創っていくために、自治体による地域のスポーツ振興方策を重視することが、遠回りのようですが、正道ということができます。

5 新段階に入ってきた 小池都政「行政改革」

　小池知事は、2019年12月27日「新たな都政改革ビジョン」を「『未来の東京』戦略ビジョン」とともに発表しました。この2つのビジョンは一体のもので、「新たな都政改革ビジョン」は「戦略ビジョン」を推進する、都政の今までにない新たな「行政改革」をめざすものとなっています。ここでは財界の推し進めるSociety5.0へと急速に舵を切る、もはや地方自治を進める都政改革とはいいがたい、都政の「改造」というべき姿が打ち出されています。

●前半期の都政 —— 公共サービスの市場化（産業化）促進

　小池都政の「都政改革」（行政改革）の前半の特徴は、「都政改革本部」設置と上山信一氏の特別顧問の招聘でした。上山氏（慶應義塾大学教授）は、橋下「行革」の推進役であり、大阪府や大阪市の行政改革のアドバイザーとして敏腕を振るいました。その上山氏と小池氏との側近政治が始まりました。

　小池知事は「都政の大改革」と称して都知事に就任したのですが、当初その内容が明らかではありませんでした。2016年9月に知事・各局長と上山信一特別顧問などを委員に「都政改革本部」を立ち上げ、当初は情報公開や都民ファーストの問題を検討していました。

　2017年3月に新たな「行政改革」として、「しごと改革」「見える化改革」「しくみ改革」を3本柱として、都政全事業の検討に入りました。

●3本柱の都政「行革」 —— 「しごと改革」「見える化改革」「しくみ改革」

　「しごと改革」では、職員の「意識改革」と「生産性向上」を求めました。

　「見える化改革」は、核となる改革でした。それは、業務内容を数

値化し、民間や他の自治体と比較して、都政が行う事業かどうかを絞り込みます。そのうえで、監理団体や民間を活用するのか、廃止や民間譲渡に活用するのか、という選択を打ち出しました。

その影響は、今日の都政にまで及びます。都立病院における地方独立行政法人化、あるいは水道・下水道事業の運営権の民間への譲渡につながりかねないコンセッション方式導入などです。

「しくみ改革」では、2つの改革をもとに全庁的な制度の改革を進めるとし、監理団体の戦略的活用（第3セクター公社の選択と集中）、ICTの全庁的な活用（事務職の人員削減）を求めています。

これらの都政の「行革」が、『2020改革プラン』として2018年3月に決定しました。

この都政の上山「行革」路線は、安倍内閣と財界が強力に推進している新自由主義行政改革（「経済財政諮問会議2015」いわゆる骨太方針等）と同一路線でした。

しかし、内部矛盾が激化しました。上山信一氏の異常な都政への介入、目にあまる個人プレー等、都議会の反発や都庁内の反発もあり、小池知事は上山行革路線の限界を敏感に察知して、「特別顧問」を退任させました。

●後半期の都政 ── Society5.0実装に適合する「都政改革」推進

上山氏を解任したあとの小池都政の「都政改革」は、2018年8月に新たな取り組みとして、「都政改革本部」に「都政改革アドバイザリー会議」を立ち上げました。

この会議では、そのメンバーに特徴が出ています（**図表1-5-1**）。すなわち、特別顧問の時と変わり、大企業・国際証券会社・AIの先端的企業が都政に招かれました。

これは、民間大企業の事業戦略・成功体験を「都政改革」にストレートの結びつけようとすることを狙った人事でした。

図表1-5-1 「都政改革アドバイザリー会議」委員

名前	職業	名前	職業
岩本敏男	(株)NTTデータ 相談役	谷田千里	(株)タニタ社長
キャシー・松井	ゴールドマン・ サックス証券 (株)副社長	西村 弥	明治大学 政治経済学部准教授
河野奈保	楽天(株)常務役員	石田晴美	文教大学 経営学部教授
松元 晃	カルビー(株)元CEO	水町雅子	弁護士

出所：東京都webアクセス。「都政改革本部・都政改革アドバイザリー会議」。

●財界戦略に適合する人事・組織を固めてきた小池都政

　小池知事は2019年に入り、急速に経団連のSociety5.0に舵を切りました。

　2019年4月には都政のトップ組織（局の扱い）として「戦略政策情報推進本部」(136名)を新設しました。小池都政前半(2016年10月4日)で設置されていた「東京特区推進共同事務局」という、国の官僚と都の官僚が一体(共同)化した組織は、すでに都庁内に置かれていました。国の官僚が都庁内に常駐すること自体が、異例の出来事でした。

　その「東京特区推進共同事務局」を吸収し、ステップアップする形で「戦略政策情報推進本部」ができたのです。

　2019年5月に「Society5.0社会実装モデルあり方検討会」を設置、2020年2月には「『Society5.0』社会実装モデルのあり方検討会報告書)」を出しました。

　この間に、都政の参与として小池知事の側近になった元ヤフー社長の宮坂学氏は、副知事に登用されることになりました。この宮坂氏が、Society5.0の東京都の政策をリードしていくことになります。

　そして、12月27日には、「『未来の東京』戦略ビジョン」と都政の行

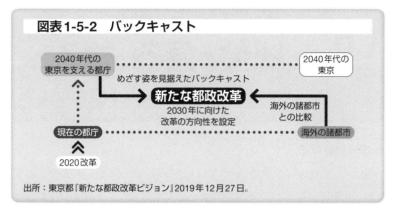

図表1-5-2　バックキャスト

2040年代の東京を支える都庁　めざす姿を見据えたバックキャスト　2040年代の東京

新たな都政改革
2030年に向けた改革の方向性を設定
海外の諸都市との比較

現在の都庁　海外の諸都市

2020改革

出所：東京都『新たな都政改革ビジョン』2019年12月27日。

革路線を遂行するための「新たな都政改革ビジョン」が発表されたのです。

● 「新たな都政改革ビジョン」の狙い

第1に、その都政改革の方法が、未来から現在を見直すとする「バックキャスト」を採用していることです（**図表1-5-2**）。そのために、現在の地方自治法や地方公務員法などの「法律・制度・枠組みに捉われず抜本的な改革を目指す」としています。

第2に、AIの活用による都職員と組織の大改編がもられています。曰く、「デジタルガバメントを通じたスマート社会の実現」です。

これで、都民の福祉向上になるのかは不明です。AIによって、これまで職員が行ってきた定型業務は、縮小・廃止されることになります。

第3に、都庁内の様相も一変します。イノベーションを生み出す人材や、スタートアップ企業が次々と都庁に入ります。それは都庁外に置いても、民間とフラットの関係でパートナーとなり、東京の成長をめざすとしています。

この「新たな都政改革ビジョン」では、都民の福祉の増進のために誠心誠意仕事をする公務員の誇りある生き方が否定され、都政そのものを民間企業に変質・改造させる"未来の都庁"の寒々とした姿が、描かれているのではないでしょうか。

6 東京都財政の総体を見る、診る

●都財政を見る

　東京都財政は巨大です。かつては中国の国家予算より大きいと比較され、近年ではスウェーデンの国家予算よりも大きいと称されています。

　しかし、東京都財政のどの数字で比較をしているのかは、判然としないのです。その理由は、都財政の基本的な構造にあります。**図表1-6-1**は、2020年の東京都予算の全体を示したものです。総額は、15兆4,522億円。その内訳を示すと、次のようになります。

- 一般会計　7兆3,540億円（通常の都政を支える予算）
- 特別会計　6兆133億円（国民健康保険や地方消費税のように都税外の都民負担を伴うものは、特別会計で処理をする）
- 公営企業会計　2兆848億円（交通・上下水道・卸売市場・都立病院など、単独で経営をめざすことを目標にした会計）

　この3つの合計は、最低限の都財政の総体です。これだけではなく、第3セクター・公社（東京都の場合は、監理団体という）、地方独立行政法人も事実上、都財政に入ります。この第3セクター・地方独立行政法人を入れた都財政の総体を、客観的に算出することができません。

　それは、第3セクター全体の財務会計データが、都民に公開されていないためです。暫定的に都財政を企業会計手法で算出した場合、第3セクター・公社と地方独立行政法人の財政を加えると、資産は48兆4,461億円、正味財産は34兆円4,362億円となります。15兆円の外側に巨額の財政が存在しています。

　ここに都財政分析のメスを入れる必要があります。都民福祉の向

図表1-6-1　令和2年度一般会計・特別会計・公営企業会計の予算総額（単位：百万円、％）

区分	令和2年度
一般会計	7,354,000
特別会計	6,013,387
特別区財政調整	1,010,935
地方消費税清算	2,351,732
小笠原諸島生活再建資金	372
国民健康保険事業	1,096,171
母子父子福祉貸付資金	3,888
心身障害者扶養年金	4,057
中小企業設備導入等資金	697
林業・木材産業改善資金助成	52
沿岸漁業改善資金助成	48
と場	5,950
都営住宅等事業	168,487
都営住宅等保証金	2,456
都市開発資金	4,055
用地	19,016
公債費	1,343,225
臨海都市基盤整備事業	2,246
公営企業会計	2,084,828
病院	207,106
中央卸売市場	105,115
都市再開発事業	9,146
臨海地域開発事業	113,053
港湾事業	4,990
交通事業	81,991
高速電車事業	305,042
電気事業	1,916
水道事業	509,221
工業用水道事業	7,618
下水道事業	739,630
合計	15,452,215

2018年から、国民健康保険の財政責任が都道府県に移行になりました。そのために東京都財政においては、特別会計を再設置しました。再設置とは、1999年まで、特別区の国保会計が東京都特別会計で処理されていたためです。

都立病院へは、約400億円が一般会計から病院会計に入っています。これを「赤字」として攻撃することが、マスコミ等でもまだ継続中です。しかし、都立病院を守る運動は、その内訳を出して、赤字ではなく、必要な医療経費であることを明らかにしてきました。同じく、都議会の答弁においても「行政的医療に使う」としています。

築地市場は、一般会計が「有償所管換」という裏技で、買い取りました。5423億円が一般会計から、中央卸売市場会計に移りました。都財政の会計間のやりとりの一例です。

出所：東京都『東京都予算案の概要（令和2年度版）』より作成。

上に使われているかどうか、財政民主主義からの点検が必要です。

●都財政を診る

　公開されている基本的な財政データは、一般会計（決算分析では普通会計を使用）です。特別会計・公営企業会計を含めた総合的な財政分析の基本は、総務省は示していません。ですから、7兆円規模を基本とした分析にならざるを得ないのです。

　それでも、基本中の基本の財政ですから、そこが苦しいのか、ゆとりがあるのかの判定を知ることも大切です。

●赤字か黒字か、貯金は、借金は

　厳密には、自治体財政には「赤字」「黒字」の概念は存在しません。黒字が出ても、税金を納めることにはならないので、営利を目標とする民間企業と税金を強制的に徴収できる公共財政とは根本が違います。類似の指標として「実質収支」「実質収支比率」があります。

　東京都の場合は、実質収支3,278億円（黒字）、実質収支比率8.4%（黒字率）です。総務省の基準として、黒字率は3〜5%程度といわれてきました。東京都の「黒字額」「黒字率」は、高いのです。黒字が多いからといって、総務省からペナルティを受けることはありません。

　間違えやすい東京都のデータに、貯金額があります。たとえば、「令和2年度東京都予算案の概要」では「基金の活用」として、1兆7,744億円と記載されています。しかし、計数表までよく見ると「積立基金（貯金のこと）」として、4兆834億円になっています。後者の数字が、東京都の貯金額として位置づけられる必要があります。

　借金は、次の2つを区別して計算します。1つは都債（公債）の残高です。これは過去の借金であり、その額は4兆3,050億円（平成29年決算）となっています。もう1つは、未来への借金となる債務負担行為（将来負担する）です。これは、1兆1,925億円となっています。東京都の借金は合計で、5兆4,975億円になります。

　貯金から借金を引くと、1兆4,141億円が「純粋な借金」です。

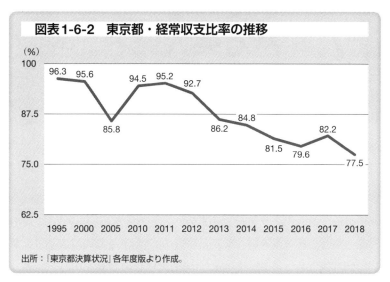

図表1-6-2　東京都・経常収支比率の推移

（%）

96.3　95.6　　　94.5　95.2　92.7

85.8　　　　　　86.2　84.8

81.5　79.6　　82.2

77.5

1995　2000　2005　2010　2011　2012　2013　2014　2015　2016　2017　2018

出所：「東京都決算状況」各年度版より作成。

●財政の「ゆとり度」は、経常収支比率で診る

　都財政にゆとりがあるか、タイトになっているのかを診る指標として代表的なものが「経常収支比率」です。必要な経費をどの程度普通に入ってくる税金等で賄えるのか、を計測します。

　高くなるにつれてタイトな状態の財政を示し、低くなると投資的経費などのゆとりが出てくることを示しています。総務省の基準としては、80％～90％程度、としています。**図表1-6-2**のように、東京都の財政はかつてない高いほど「ゆとり度」を示しています。

　この背景には、人件費と扶助費（福祉費）を抑制したことの効果があります。

●所得格差・地域格差是正に都財政をフルに活用しよう

　このように都財政は、人口増にも支えられて、かつてないほど良好な状態になっています。問題は、そのゆとりを何に使うかです。今、子どもの貧困や地域間格差を解消するために、都財政を使うことが求められています。民間と公共の格差をなくす「公私格差是正」回復、「国民健康保険特別会計」の財政支援等です。

7 小池知事は八方美人型（インボルブメント）予算で権力形成

　小池都政の4年間の予算政策は、一言でいうと、八方美人（インボルブメント）型です。1人の単独政治家としての小池氏の政治基盤は、脆弱であり、国政選挙で敗北した時には、都庁内外の知事職が継続できるのか、疑問の声さえ起こりました。

　そうした苦難を乗り越えられた要素の1つは、予算の編成過程において、都民団体、都議会各会派、そして区市町村長との意見交換などを「丁寧」に取り組んできたことにあります。

　単に意見交換をするだけではなく、豊かな財政力を背景にして、可能な限り各団体・首長の要望について、予算措置をしてきたことが、小池知事の権力維持につながりました。

●八方美人（インボルブメント）型予算

　そうした取り込み型の予算編成のことを、ここでは八方美人（インボルブメント）型予算と呼称して、4つの要素を指摘します。

　第1の要素は、都民による「事業提案制度」の採用です。都民が予算・政策を提案、都庁内で検討、ネット上の都民投票にかけて、事業を採択していきます。

　この予算への提案は、使い方次第では、都民参加にもなりますが、たとえば2020年オリ・パラの予算の削減・開発経費削減というような予算修正は、この仕組みには該当しません。つまり都民の歓心を得ようとするための仕掛けと見なければなりません。

　第2の要素は、東京都職員による「事業提案制度」です。すべての職員が垣根を越えて、都政運営に参画する仕組みとされました。狙い

は、離反心が高くなった都庁職員の知事への取り込みです。

　実際に採択された1つは、「全国自治体の税務行政支援」です。

　東京都が他の自治体に出向いて税金の効率的な集め方を指南する、誰のためでしょうか。

　第3の要素は、大学研究者による「事業提案制度」です。小池都政の狙いは、研究者の取り込みに東京都の予算を使うことにあります。

　第4の要素は、区市町村長・議会会派・各種団体との意見交換の取り組みです。この狙いは、意見交換を通して予算配分を増額すること等で、知事への支持を獲得することにあります。

　小池知事の八方美人（インボルブメント）型予算の最大の特徴は、区市町村長との意見交換でした。就任当初から、多摩地域・島しょ地域の首長と直接都庁で会って、にこやかに懇談意見交換をしていました。

　このように都民・都職員・研究者・政治家・団体を予算編成過程で都政に取り込む（インボルブメント）ことが、小池都政の予算政策の特徴です。

●パフォーマンス政治家小池氏の本領発揮

　2019年は、部分的だった市町村長との意見交換が、すべての区市町村長へと拡大されました。

　それぞれの時間は、20分と短い時間の会談ですが、区長・市長・町長・村長は、その背景に地元の声を持って東京都知事に臨むのですから、注目度の高い知事の取り組みになりました。

　しかし、これは見方を変えると、現代版参勤交代（土下座外交）のようにも見えるために、杉並区長は、この意見交換会を拒否しました。

　区市町村長との意見交換は、政治的目標は鮮明です。小池氏が当選した知事選挙の時は、区市町村長の大半は落選した増田寛也氏を応援していました。それをひっくり返す狙いです。

●東京都予算の点検

　図表1-7-1は、東京都の当初予算額の推移です。

東京都の予算を知るために大切なことは、都財政全体を見るようにすることです。新聞やテレビの報道では、主に一般会計のことが中心になって報道されます。一般会計だけでも、7兆円という巨額な予算になりますが、それ以外に「特別会計」と「公営企業会計」があり、それを含めた予算を点検しなければなりません。

　都財政が財政責任を持つこととなった国民健康保険は「特別会計」、都政の焦点の都立病院・築地市場は「公営企業会計」になります。

　2016年から2020年の間に東京都の予算額は、約1兆8,000億円も増えています。この要因は、2018年から始まった「国民健康保険」の都道府県化により「特別会計」が設置されたためです。

　小池都財政の予算額は、膨張・縮小、目立った変化は特にないことになります。

●予算編成方針においても「Society5.0」へ

　図表1-7-2は、「予算編成方針」から小池カラーを3つ選んだものです。3つの選択基準は、都政の動向を反映していることを選択肢としました。その3つから、絞り込んで予算財政政策に重点化された方針は、次の様になります。

2017年　都民ファーストの「新しい東京」

2018年　2020年に向けた2020実行プラン

2019年　東京2020大会

2020年　Society5.0の社会実装

　2020年は、Society5.0の社会実装の推進が、最大の眼目です。そのために2020年予算に500億円の新規貯金「スマート東京推進基金」を準備しました。

　そして、どこにも都民福祉の向上という「予算編成方針」は存在していないことを指摘しておきます。

図表1-7-1　東京都予算額の推移

当初予算	2016 (a)	2017	2018	2019	2020 (b)	2020−2016 (a)−(b)
一般会計	7兆110億	6兆9,540億	7兆460億	7兆4,610億	7兆3,540億	3,430億
特別会計	4兆4,539億	4兆1,314億	5兆4,389億	5兆5,505億	6兆134億	1兆5,595億
公営企業会計	2兆1,911億	1兆9,688億	1兆9,591億	1兆9,480億	2兆848億	△1,063億
小計	13兆6,560億	13兆542億	14兆4,440億	14兆9,594億	15兆4,522億	1兆7,962億

注：「一般会計」は、都政の全体の代表する予算。「特別会計」は、都区財政調整や国民健康保険
　　など。「公営企業会計」は、都立病院・築地や豊洲等の市場・水道・下水道など。
出所：東京都『東京都予算案の概要』(各年度版)より作成。

図表1-7-2　「予算編成方針」から3つを選択（各年度推移）

2017

1　都民ファーストの「新しい東京」の実現

2　3つのシティ〈セーフシティ〉〈ダイバーシティ〉〈スマートシティ〉に財源を重点配分

3　すべての事業に期限を定め、スクラップ・アンド・ビルドを経過して、予算計上

2018

1　「都民ファーストでつくる『新しい東京』〜2020年に向けた実行プラン」
　　「東京の将来・Beyond2020を見据え、無駄の排除を徹底、財政対応力を中長期的に堅持

2　〈セーフシティ〉〈ダイバーシティ〉〈スマートシティ〉の実現東京の持つ無限の可能性を引き出す

3　ワイズスペンディング（賢い支出）の取組推進。無駄の排除を徹底

2019

1　佳境を迎える東京2020大会の開催準備を着実に進めること

2　「都民ファーストでつくる『新しい東京』〜2020年に向けた実行プラン」

3　「2020改革プラン」に基づき、業務の効率化、生産性向上を十分に踏まえる

2020

1　Society5.0の社会実装に向けた取り組みなど、AI・IoT・5Gなどの第4次産業革命の技術革新をいち早く取り組んでいくこと

2　「『未来の東京』戦略ビジョン」に掲げる2040年代の東京の姿をめざし、成長と成熟の東京実現

3　東京2020大会を確実な成功へと導き、次世代へと継承するレガシーを創り上げること

注：3つの選択の基準は、その年度の予算編成方針のなかで、小池都政を象徴するものとして
　　総合的に判断して選んだ。
出所：東京都『東京都予算案の概要』(各年度版)より作成。

8 都税が国家に「収奪」された
── 小池都政の目立つ安倍政権への接近

　小池都政の財政問題の1つに、主な都税である法人2税が、国家に吸い上げられたことがあります。安倍政権は、東京都の税収が豊かであるとして、地方税の根幹の1つである「法人事業税」「法人住民税」の一部を取り上げて国税とする仕組みをつくりました。

　「法人住民税」は、一般の市町村では市町村税ですが、都の場合は、都と23区の間の都区財政調整の財源の1つとして、都税として徴収しています。これは、都の歳入の減少になるわけです。その影響額は、約9,000億円と試算されています。

　この減少額の影響は、都だけにとどまらず、23区にも間接的に歳入マイナス要素として作用することは確実です。

　これに、小池都政がどのように対応したかが、問われています。

●都税への「偏在是正」措置の影響

　東京への人口集中は止まりません。それはアベノミクスが、地方経済を成長させるのではなく、東京圏を中心にした成長路線をとっているからです。駅周辺に林立するタワービルは、その象徴です。

　企業と人口の東京集中は、都の税収増になってきました。一方、企業が出ていき、人口減が進む地方では、自治体の税収は減少傾向です。この税の動向を、安倍政権は、「税収の一極集中」と捉えて、東京から地方へと財政調整をする目的として「税の偏在是正」と位置づけてきました。つまり、「偏在」はアベノミクスを原因とするにもかかわらず、都から税を「収奪」してきたのです。

●「偏在是正」という名の国家による地方財政の「収奪」

東京都や23区は、国の一方的な「偏在是正」という名の税の「収奪」に反対をしてきました。しかし、安倍政権の税制改革は、「偏在是正」を止めることはなく、2019年度国の税制改正では、期限つき「偏在是正」から、恒久化（永久）の「偏在是正」となりました。今後の影響は、年平均約9,600億円の減収となる見込みになります。

「偏在是正」は、本来国の責任で行う「地方交付税」で全国の自治体不足分は、国家財政主導で財源を補填して、調整すべきです。

しかし、そうした原則的な地方税財政政策ではなく、税収の比較的大きい自治体（東京都直撃）から、比較的小さい自治体へと地方税を調整・分配するものです。

財政調整制度は、資本主義の地域間不均等発展を背景としているために、国家財政による垂直的調整制度が原則です。自治体間の財源のやりとりは、水平的財政調整となり、自治体間に大きな溝（矛盾）をつくることになります。

東京でたとえると、港区と足立区とが同じテーブルで財政調整を行うことは、机上では可能でも、現実では不可能なことです。ですから、地方自治法も都と23区の間の財政調整制度を認めているわけです。

民主的な税制改革ではなく、真逆の税制改革が、安倍政権と小池都政との間で進行しました。影響を受ける自治体への説明責任を十分に果たすことなく、さらに都民に対して住民投票などで意見を聞くという民主的な参加手続きも行われていません。

●国と闘わない小池都政

小池都政は、地方分権に反するとして、「偏在是正」に対して反対の意思表示はしました。しかし、そこまで止まりでした。地方分権改革をいうならば、その改革で設置された「国地方係争処理委員会」に持ち込むこと、さらには国の法律で定められている「国と地方の協議会」で問題にすること等は都が行うことができる行政参加手段です。

図表1-8-1 「国と東京都の実務者協議会」の構成

議長	内閣総理大臣補佐官（国土強靱化及び復興等の社会資本整備、地方創生、健康・医療に関する成長戦略並びに科学技術イノベーション政策担当）	
構成員	**関係府省**	**東京都**
	内閣官房副長官補（内政担当）	東京都副知事
	内閣官房内閣審議官（内閣官房副長官補付）	東京都政策企画局長
	内閣府大臣官房総括審議官	東京都総務局長
	総務省大臣官房総括審議官	東京都財務局長
	財務省大臣官房総括審議官	東京都生活文化局長
	厚生労働省政策統括官 （総合政策担当）	東京都オリンピック・パラリンピック 準備局長
	国土交通省総合政策局長	東京都都市整備局長
	環境省総合環境政策統括官	東京都環境局長
		東京都福祉保健局長
		東京都産業労働局長
		東京都建設局長
		東京都港湾局長
		東京都下水道局長

＊協議会の庶務は、東京都の協力を得て、内閣官房において処理する。
出所：2019年1月28日「国と東京都の実務者協議会」ホームページ。

　沖縄県は、辺野古基地問題を「国地方係争処理委員会」に持ち込むことで、県民の意向を反映させようと努力しています。

　小池都政は、地方税の財源調整問題で、本格的な議論を国と闘うのではなく、法的な根拠のない「国と東京都の実務者協議会」（**図表1-8-1**）に対応を委ねることとなりました。

●「東京2020大会」後の東京都市開発を促進

　この実務者協議会が注目されたのは、そのメンバーと検討事項に関してでした（**図表1-8-2**）。事務局は国の側にあります。メンバーを見ると、議長は内閣補佐官。東京都のメンバーとして、副知事も参加です。

　そして、そこでは、2020大会の後の公共事業の確保が、明示化されているのです。「羽田空港機能強化」「東京港国際競争力強化」など、

図表1-8-2 「国と東京都の実務者協議会」に係る協議事項

重点事項		
1	**首都圏空港・港湾機能の充実**	
	1	羽田国際空港の機能強化
	2	東京2020大会期間中の横田基地の民間航空利用
	3	小笠原航空路の整備促進
	4	東京港の国際競争力強化
2	**幹線道路の整備促進による道路ネットワークの早期完成等**	
	5	東京外かく環状道路（東名高速〜湾岸道路間）の整備促進
	6	高速道路網の整備推進等
	7	国道等の整備推進
3	**首都圏鉄道網の拡充**	
	8	鉄道ネットワーク等の強化促進

一般事項		
4	**大都市防災対策の強化、首都機能の維持、国土強靭化の推進**	
	9	豪雨・高潮対策の推進
	10	首都直下地震への備え
	11	都市インフラ機能の維持・保全
5	**国際金融都市・東京の実現、外国人受入環境の改善**	
	12	金融系企業参入促進にかかる各種支援・規制緩和
	13	外国人の受入環境の整備促進、バリアフリー化の推進
	14	国立公園の活用
6	**戦略的な特区制度の活用**	
	15	経済発展と社会的課題の解決を両立していく新たな社会の実現
7	**女性・障害者の活躍促進**	
	16	働きながら子育て、介護しやすい環境の整備推進
	17	障害者の法定雇用率引き上げに伴う企業への支援
8	**少子・高齢社会への備え**	
	18	大都市特有の保育ニーズへの対応に向けた取組の推進
	19	福祉人材定着のための仕組みづくり
	20	認知症対策の総合的な推進

出所：2019年1月28日「国と東京都の実務者協議会」ホームページ。

都市インフラ投資は、莫大なものになることでしょう。

　これが、9,000億円の代わりだとすれば、都民の税金を国が「収奪」したうえで、ゼネコン中心の都市開発促進に国家主導で東京都を巻き込むことになります。

　なお2019年1月28日に「実務者協議会」は開催されています。

●「都税調」に加え、新たな検討会の設置

　都政では、都税制調査会（以下「都税調」。事務局：主税局）が、設置されています。

　美濃部亮吉都政時代に、大企業ほど税率が下がっている事実を証明し、法人2税を国基準よりも高くとる都独自の超過課税を実施しました。その理論的根拠をつくったのが「新財源構想研究会」でした。

　それを真似たのかもしれませんが、石原都政時代に「都税調」が設置されました。その「都税調」は、毎回、答申を出して、都独自の税制改革の検討を続けています。猪瀬直樹、舛添要一、そして小池都政でも継続されて、不十分ながら、都税への「偏在是正」問題をはじめ都税のあり方などについて、一定の役割を果たしてきました。

　しかしながら、小池都政は2019年に、その「都税調」とは別に新たな検討会を立ち上げました。その名は「東京と日本の成長を考える検討会」（事務局：財務局）です。ここにジャーナリストの田原総一郎氏などを招聘したので、一時期マスコミの目も集めましたが、すでに見てきたように、東京都の固有の税金を国が「収奪」することへの対決のために検討会にはならなったことを指摘しておきます。

　屋上屋を重ねた検討会をいくら設置しても、安倍政権と闘う政治姿勢がない小池都政では、所詮、パフォーマンスの1つと都政関係者では、冷ややかに見られました。

●都市開発企業への減税措置の導入

　またこれまでも、都政は、都市再生特区、国家戦略特区による都市計画や経済・労働法制などの規制緩和で、高さ100m以上の大型ビ

ルを年々十数棟建設し、多国籍企業やスタートアップ企業（起業）に特権的減税措置を導入。積極的に勧誘してきました。

この特権的減税措置の中身は、1件で数億円と見込まれますが、特定の多国籍企業などに集中するためか、企業の秘密保持のためか、都議会審議のなかですら、その全容は明らかにされていません。

そうしたなかでも、不動産取得税では、2014年10月17日都議会決算特別委員会で都主税局税制部長が、都市再生緊急整備地域内では5年間に7件・約6億6,000万円（1件当たり9,428万円）、特定都市再生地域（アジアヘッドクォーター特区など）では2件で約5億6,000万円（1件当たり2億8,000万円）を軽減した旨の答弁内容が記録されています。

また、2015年6月19日都議会財政委員会では、2014年度実績として、都市再生および特定都市再生緊急整備地域内の合計で、不動産取得税は6棟で12億2,000万円、家屋の固定資産税及び都市計画税（都内23区）は9棟で約1,400万円、償却資産の固定資産税（同じく23区）は5事業者で約300万円と答弁したことは、特に注目すべきです。

税財政資料の非公開自体は問題であり、また規制緩和も、減税措置も、都市の健全な発展という観点から大きな問題です。

そして、小池都政になっても依然として、こうした問題点を自ら明らかにしようとしている事実はありません。

都政の豊かな税財政は、政府の構造改革政策の影響で、厳しい生活を余儀なくされる都民のために第1に使われてこそ活きるもので、一部の大企業や海外の多国籍企業の誘致に優先的に使うような都政運営は抜本的に改めるべきです。

また、国と地方の財源配分についても、抜本的な調整・配分の見直し議論を直ちに行うよう強く政府に求めなければなりません。

都庁内の不信感は払拭できず 小池都政1期目の評価は46.4点

『都政新報』職員アンケートから

　行政専門紙『都政新報』では2019年11〜12月、小池都政1期目の総括を試みるため、東京都の小池百合子知事を職員がどう評価しているかについて、アンケート調査を行いました。小池都政1期目について100点満点で点数を付けてもらったところ、平均46.4点。就任1年目（46.6点）からは好転せず、石原慎太郎元知事や舛添要一前知事と比べても、厳しい結果となりました。

　アンケートでは、合格点を与えられるかどうかについても聞きました。①合格点、②まあ合格点、③合格点は与えられない、④落第点——の四択で、「合格点は与えられない」「落第点」が計64.6%を占め、厳しい結果に。回答を分析すると、政局を重視したパフォーマンス

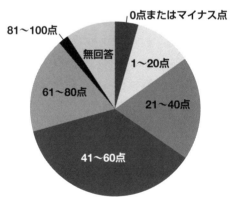

小池都政1期目に100点満点で何点を付けますか？

0点またはマイナス点
1〜20点
21〜40点
41〜60点
61〜80点
81〜100点
無回答

出所：『都政新報』2020年1月7日号より作成。

や、意に沿わない幹部職員を更迭する「粛清人事」が評価を下げる要因となっていることがわかりました。

小池知事は2017年の衆院選で国政進出に失敗して以降、「都政に邁進」する姿勢を打ち出しました。ただ、職員の不信感は残り、質問項目のうち「都政を政局にしている」には88.8%が「はい」と回答。一方、「職員を信頼している」に75.8%が「いいえ」を付けました。

小池都政では、待機児童の減少や受動喫煙防止対策などの成果を強調しており、職員も知事の行動力やスピード感を認めています。たとえば、石原元知事は週2〜3回しか登庁せず、都政の大半を官僚に丸投げしていました。また、舛添知事も受動喫煙防止に腰砕けでした。50代・部長は「都政全般に今までにない強力な推進力を与えている。国際的な視点も素晴らしい」と評価しています。

しかし、それ以上に目立つのが、政治姿勢に対する辛辣なコメントの数々です。職員は「自らのパフォーマンス先行で、職員はそのための道具になっている」（50代・部長）、「懲罰的人事で幹部が萎縮して、自由にものが言えない雰囲気がある」（50代・課長）などと指摘しています。

職員アンケートでは、都民がメディアを通して見る小池知事の評価とは、少し違う反応が出るのが特徴です。

これが顕著に表れたのが、五輪のマラソン・競歩が札幌に移る騒動に対する評価でした。小池知事は移転に断固反対のスタンスを取り、IOCや大会組織委員会との対立を演出。テレビ番組で正論を放つ小池知事の姿に、多くの都民が賛同したのではないでしょうか。

ただ、都庁内の反応は一歩引いていました。小池知事の対応を「評価する」としたのは40.8%止まり。理由を聞くと「IOCや国から本当の意味で相手にされていないことが露呈した」（40代・課長代理）。実際、五輪準備における組織委員会やIOC、国との連携については87.9%が「評価できない」と答えています。

都知事の下で働く職員らの受け止めを見ると、過去の都知事が積

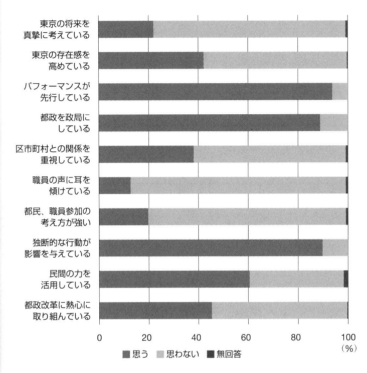

小池知事の都政運営について、どう考えますか？

	思う	思わない	無回答

東京の将来を真摯に考えている

東京の存在感を高めている

パフォーマンスが先行している

都政を政局にしている

区市町村との関係を重視している

職員の声に耳を傾けている

都民、職員参加の考え方が強い

独断的な行動が影響を与えている

民間の力を活用している

都政改革に熱心に取り組んでいる

出所：『都政新報』2020年1月7日号より作成。

み残した「宿題」への対応を評価する一方、過去の経緯や職員の進言を無視した「都民受け」の政治判断には強い抵抗感が見られました。

2020年7月にはいよいよ都知事選が行われ、小池知事の再選出馬はほぼ間違いないと見られています。

直近では、新型コロナ感染症の対応ばかりが注目を集めていますが、長期的には超高齢社会や人口減少といった課題を直視せざるを得ないステージに入ります。今回の都知事選では、五輪後の都政にいかに向き合うか、候補者の真摯さが問われているのです。

（『都政新報』編集部）

第**2**章

教育

●東京が先行的導入を図る教育分野のSociety5.0は、民営化の促進、ICTを活用した「個別化された学び」導入などにより「公教育の解体」を招きかねない。

●都心部への人口集中と周辺部の切り捨てのなかで、出生率も下がる北西部、多摩地域などでは「公共施設再編」の下、小・中学校の統廃合、小中一貫校化など「収容」施設化が進められる。改善されない教育条件整備、管理強化もあいまってストレスが増す学校で子どもたちの不登校率、いじめ件数などは増加している。

1 Society5.0に向けた教育「改革」

●新学習指導要領は、遠い昔？

　「GIGAスクール」という言葉を聞いたことがありますか。2023年度までには児童・生徒に1人1台の端末を持たせ、日本中の学校を高速大容量の通信ネットワークで結ぶという構想です。2019年12月に文科大臣が発表し、補正予算にも盛り込まれました。

　「結構なことではないか」と思われるかもしれません。確かに、学校教育におけるICT（情報通信技術）活用は、世界の教育界のトレンドです。しかし、単純に喜んでばかりはいられません。なぜなら、GIGAスクールなる構想が急浮上し、予算面でもそれが裏づけられたことには、ウラがあるからです。結論的にいってしまえば、安倍政権による成長戦略かつ、めざすべき将来社会像でもあるSociety5.0の実現のために、いま公教育が大掛かりに動員されようとしており、そのためにはICT環境の整備が不可欠なのです。GIGAスクール構想のウラには国家戦略があり、そのための公教育の乱暴な改変が目論まれています。

　それにしても、つい1、2年前までの教育界は、新しい学習指導要領の話題で持ちきりでした。新教育課程は、ようやく2019年度から小学校を皮切りに本格実施されます。いまだスタート地点に立ったばかりです。それなのに、すでに「その次」が議論され、実際に施策が実施されようとしています。いったい何が起きたのでしょうか。

●Society5.0に向けた人材づくり

　Society5.0とは、狩猟社会、農耕社会、工業社会、現在の情報社会の次に到来する将来社会であり、そこでは、ICT（情報通信技術）、AI（人

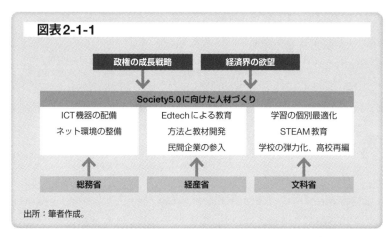

図表2-1-1

政権の成長戦略　　経済界の欲望

Society5.0に向けた人材づくり

ICT機器の配備	Edtechによる教育	学習の個別最適化
ネット環境の整備	方法と教材開発	STEAM教育
	民間企業の参入	学校の弾力化、高校再編

総務省　　　　　経産省　　　　　文科省

出所：筆者作成。

工知能）、IoT（すべてのモノがインターネットにつながる）、ビッグデータ、ロボット工学などのテクノロジーの高度な発展により、これまでよりも飛躍的に快適な社会生活が実現する（「超スマート社会」）とともに、社会的課題の解決が可能になるとされます。しかし、実は政権と経済界は、このSociety5.0において新たな成長産業が生まれ、企業活動にとっての巨大な新市場が生起することを狙っているのです。

　Society5.0の実現には、それを担う人材の育成が不可欠です。そのために動員されるのが公教育であり、同時に、公教育の場は、最新技術を駆使するICT・教育・人材系などの企業が積極的に参入し、躍動する市場として開放されようとしています。

　現在、Society5.0に向けた人材づくりは、**図表2-1-1**に示したように、経産省、総務省、文科省によって進められています。経産省は、ICTやAIを駆使した学習方法の開発や、産業界と連携して行う学習プログラムづくりに邁進しており、すでに2018年度から、産業界と学校を巻き込んだ「未来の教室」実証事業を展開しています。総務省は、GIGAスクール構想とも絡むのですが、学校のICT環境の整備につとめ、側面から経産省を援護しています。文科省は、こうした動きに押され、かつ、国家戦略には逆らえないという事情から、冷静に考

えれば、公教育としては「自滅」行為ではないかとも思われる施策に
はまり込んでしまったように見えます。

●Society5.0時代の学校と学び

　では、具体的にはSociety5.0時代における学校と学びは、どんなも
のになるのでしょうか。教育再生実行会議「第11次提言」(2019年6月)
と「新しい時代の初等中等教育の在り方について」の諮問(2019年4月)
を受けて、現在審議中の中教審の議論を参考にしながら、核心部分
だけを紹介しましょう。

　学校での学びは、教科と探究を柱にして組み立てられます。教科で
は、「個別最適化された学び」、つまり、子どもたちがPCやタブレッ
トを前にして、AIに導かれた学習を各自のペースで個別に行います。
個別最適化の結果、教科学習は従来よりも効率的に済むはずなので、
そこで浮いた時間が探究に当てられます。探究で取り組まれるのは、
まさにSociety5.0に照準を合わせたSTEAM教育(Science、Technology、
Engineering、Art、Mathematicsを組み合わせて課題解決的に学ぶ)です。そうし
た探究は、企業が開発した教材コンテンツを活用し、産業界と密接に
連携して進められます。

●公教育が朽ち溶け、学校が解体していく

　注意すべきは、こうした学びの展開は、公教育への企業の参入を歓
迎して、教育の市場化を進めると同時に、一斉授業、クラス、学年、
教室での学習といったこれまでの学校教育の形態を解体させていく
ということです。

　そんなことをしていて、子どもと教育の未来は大丈夫なのでしょうか。
一握りの上層の子どもは、自分でどんどん学習を進めるかもしれませ
ん。しかし、個別学習へのモチベーションが沸かず、質の低い学習に
終始してしまう子どもも決して少なくはないでしょう。Society5.0に
向けた教育は、これまで以上に学力の格差を広げ、学習が究極の「自
己責任」になってしまう場を現出させます。

もちろん、今すぐにこうした状況が到来するわけではありません。中教審の議論を見ていると、新学習指導要領の体制下でも可能な改変から先取り的に実施していこうとする姿勢がうかがえます。ICT活用や学びの個別最適化しかり、STEAM教育の推進しかり、普通科への類型の導入を含めた高校再編しかりです。ただし、細心の注意を払っておくべきは、そうした改革の「先」に何がめざされ、見通されているかにほかなりません。

●東京の教育はどうなる？

東京都は、Society5.0の社会実装に対してきわめて前向きで、検討会による報告書も出されています。また、「東京都教育ビジョン（第4次）」（2019年3月）では、Society5.0を意識して「次世代の学校の在り方など、未来志向の研究開発を不断に推進する」ことを宣言しています。それは、予定されている都立高校再編計画においても、小中高一貫校や高校における理数科の設置、工業科でのIT人材の育成、通信制高校におけるICT活用といったかたちで、すでに具体化されつつあります。

本来、もっと慎重であるべきです。東京の教育が、国レベルの政策に無批判に追随し、闇雲に全国の先駆けをめざすようなことになるならば、それは、子どもと教育の未来にとって取り返しのつかないダメージを与えてしまいかねません。

2020年3月以降、新型コロナウイルスの感染拡大によって、全国の学校が臨時休校に入らざるを得なくなると、にわかにSociety5.0に向けた教育の壮大な「社会実験」が開始されました。多くの民間教育事業者が、オンライン上で講義や教材等を期間限定で無償提供し始めたのです。確かに、子どもの学習機会の保障は重要です。しかし、災禍に乗じて、子どもと家庭が、選択の余地なく個別化された学びに慣らされてしまうのは、深刻に考えなくてはならない事態です。

② 学校教育の民営化の進行

　今日の教育改革の大きな特徴は、「教育の民営化」への急激な進行です。これまで、国民に無償で平等の教育保障をめざす公教育と、学校の外で営利の教育サービスを提供する教育産業とは明確に区別され、すみ分けられてきました。今、教育・IT関連産業による学校教育への侵蝕・事業参入が急テンポで進み、学校教育の制度や内容が変貌するなど、公教育の解体につながる危機が進行しています。

●企業の経営する学校

　民営化の1つは、学校経営への企業の直接参入です。株式会社立学校は、2003年小泉内閣の教育特区として始まり、現在の高校7校はすべて通信制高校です。インターネットで高卒資格がとれるなどのふれこみで、私立の広域通信制高校はこの間急増しています。

　東京都の公立中学校卒業生の全日制高校進学者は、毎年90%程度、定時制進学者も2,500人程度ですが、通信制は879人(2008)から2,876人(2018)と急増し、定時制を上回る存在になりました。都は長年、都立と私立を合わせた全日制高校の定員を公立卒業生の96%と定め(計画進学率)、入学者枠を厳しく絞ってきました。全日制に入れる生徒は90%、残りは単位制、定時制、通信制などと、高校教育の内容にも格差を拡げてきました。この格差のセイフティネットが都立定時制高校でしたが、都の削減政策の下で半減し、代わって高校無償化施策を利用して急増したのが、広域通信制高校でした。就学支援金を当て込み、施設設備や教員などの教育条件を極力圧縮し、附帯のサポート校と抱き合わせで生徒の獲得を狙った新たな学校経営は、そ

のターゲットを不登校や発達障害など、困難をかかえる子どもたちに集中させています。

　東京都は、2020年度の全日制高校の計画進学率を95％に削減し、競争圧力をさらに強めています。都立中高一貫校は中学受験を激化させ、新たな学校格差を創りました。競争は教育産業の市場を広げ、東京の子どもたちには学校と塾のダブルスクールが常態化しています。競争は都民の家計を圧迫し、家庭の経済格差が子どもの教育格差となり、貧困の世代間連鎖にまでつながります。何よりも、競争一辺倒の学校環境の下で、**図表2-2-1**に見るように子どもたちの間には不登校、いじめ、自殺などが激増しています。不登校率は全国平均と比較して高くなっています。N高が、新たに都内に中等部を開設するなど、不登校対応フリースクール等への民間参入も広がっています。

●教育内容の民営化

　学校での教育活動でも教育産業への依存が強まっています。教育内容の民営化は、学力テストや入試をテコに進んでいます。

　東京都が全国に先駆けて2003年、小中学校に一斉学力テスト（以下「学テ」）を導入したことから、学テ競争時代が始まりました。今日では、全国学テ、東京都学テ、さらには自治体独自学テと学校はその対策に追われ、厳しく結果責任が求められる最大の圧力です。学テ事業は教育産業に丸投げされ、毎年多額の教育予算がつぎ込まれています。

　大学入試改革では、民間英語検定の利用や記述式の導入などが急遽中止なりましたが、この問題の本質も、大学入試と高校教育内容が、民間の教育産業に牛耳られていることにあります。入試改革として具体化された「民間英語検定」「記述式導入」「高校生学びの基礎診断テスト」「e-ポートフォリオ」という新テスト・システムの実体は、すべて民間教育産業の商品です。「新入試」対応で高校生の学びは一変し、費用も私費負担です。この改革にのって最大の市場拡大を遂げたのがベネッセでした。

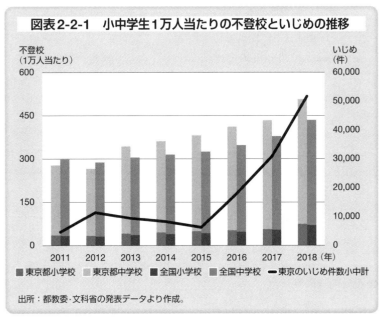

図表2-2-1　小中学生1万人当たりの不登校といじめの推移

不登校
（1万人当たり）

いじめ
（件）

凡例：
■ 東京都小学校　■ 東京都中学校　■ 全国小学校　■ 全国中学校　— 東京のいじめ件数小中計

出所：都教委・文科省の発表データより作成。

　ベネッセの英語4技能検定商品「GTEC」は、2018年には全国の1,850高校で延べ126万人が受験しました。4技能英語は小学校にまで広がり、進研ゼミ小学講座「GTEC Junior Online」など、事業拡大のシナジー効果を広げています。

　記述式テストの採点業務を受託したベネッセは、この宣伝活用で「進研模試」を広げ、2018年度は延べ1,000万人が受験、2019年度は「高校生学びの基礎診断テスト」に対応させ、「模試」が高校のカリキュラムに組み込まれました。

　生徒の「主体性を評価する」として、高校生活のあらゆる日常活動を記録し、電子調査書や各大学の多様な入試に活用するシステムである、文科省の選抜改革推進事業によって開発された「Japan-e-ポートフォリオ」の運営サポートもベネッセが行います。生徒に提供されるアプリケーションで圧倒的なシェアを占めたベネッセのClassiは、2019年度には2,475校と全国の半数以上の高校に導入されました。

ポートフォリオ以外にも、ネット動画授業やWebドリル・テストによる個別最適化学習、それらの学習データ管理、生活スケジュール管理、生徒間や担任とのコミュニケーションや進路相談ツールまで、高校生活のあらゆる場面を管理し、生徒のあらゆる情報がここに蓄積されていきます。

　大学入試改革は、こうして「入試」をテコに高校への教育産業の市場参入を強めながら、教育内容の様相も大きく変えています。高校のカリキュラムは「学びの基礎診断テスト」の結果対応に縛られ、生徒の日常の学習から受験に至る生活もまた、すべての個人情報がclassiなどのアプリで教育産業にコントロールされていきます。

　中学生の都立高校入試もこれと同じ構図で進行しています。都教委は都立高校入試で「話すこと」を評価するとして、全公立中3年生を対象に2022年度の都立高校入試からベネッセの「スピーキングテストGETC」を導入します。民間検定を公的テストに導入し、その内容、実施、採点までのすべてを業者に丸投げするという、大学入試共通テストが浮き彫りにした問題と共通の構造です。ベネッセは、本業の進研ゼミ中学講座でも「新スピーキングテスト対応」をうたって東京の中学生への新たな市場拡大を強めています。

　このように公教育のなかに企業活動の市場を拡大する動きが、政官財一体のプロジェクトとして急速に進み、学校はその草刈り場になろうとしています。国は2019年度補正予算に突然、「GIGAスクール構想」として2,300億円の文教予算をつけました。Society5.0時代に対応するネット端末1人1台環境の実現を、急遽前倒しでめざす施策です。都も2020年度予算に56億8,100万円を盛り込み、国と地方から多額のネット環境整備予算が教育産業とIT業界に流れていきます。このIT環境を使って学校では全く新しい授業が始まりますが、その教材等のシステムやソフトもまた、教育IT産業が開発するIT教材の独壇場となっています。

3

進む統廃合、小中一貫校化
――少人数学級など
条件整備拡充の実現を

●新自由主義教育改革は東京で先行

　東京都では多くの学校統廃合が行われています。人口や児童・生徒数は増加しているにもかかわらず、文科省の公表する小中高の廃校数都道府県別ランキングで北海道に続く第2位を維持しています。2008年から2017年までの15年間に303校（小144校、中87校、高72校）が廃校になりました。**図表2-3-1**に見るように、東京の小中高の廃校数は全国の増加を先導するように急増しています。両者のピークにはずれがあります。2003〜2004年以降続く全国の上昇には、コスト削減、地域の再編を狙う政策や、いわゆる「平成の市町村大合併」の影響がありますが、東京で先行させたのは学校選択制の導入です。1996年の足立区の実質的導入に始まり、2000年に品川区が初の制度化以降、全国で突出して多くの自治体（23区中19区、26市中9市）が導入しました。選択されない小規模校が一層小規模化することで「最低基準」を割り込んだ学校が機械的に廃校にされました。

　同時に都、および区市レベルの学力テストも全国に先駆けて導入され、2007年の全国学力テストの呼び水となりました。学力テスト「結果」と選択制をリンクさせて公教育を序列的に再編しようとする新自由主義教育改革が、東京で最初に試みられたのです。しかし2008年以降、まず江東区、杉並区などで「学校と地域の関係が弱まる」等の理由で地域から批判が噴出し、選択制の見直し、廃止が続くようになりました。学校を核とした地域コミュニティが存在し、それが学校を守る力として機能したのです。

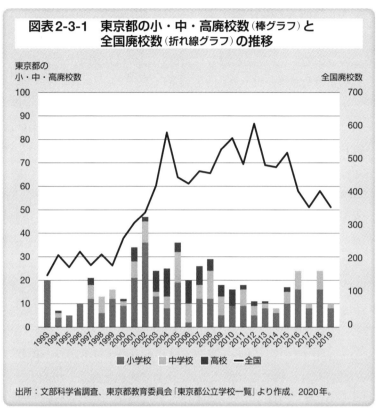

図表2-3-1 東京都の小・中・高廃校数（棒グラフ）と全国廃校数（折れ線グラフ）の推移

東京都の
小・中・高廃校数

全国廃校数

■ 小学校 ■ 中学校 ■ 高校 ― 全国

出所：文部科学省調査、東京都教育委員会「東京都公立学校一覧」より作成、2020年。

● 「公共施設等総合管理計画」で統廃合

　2014年からの「地方創生」政策のなか、総務省がすべての自治体に3年の間に要請した「公共施設等総合管理計画」に後押しされて、統廃合がさらに計画化されています。人口減少に対応して現存の公共施設のすべてを改修することで「算定」される将来的な赤字を回避するため、あらかじめ施設を統合・廃止するという「理由」で、施設の延べ床面積の4〜6割を占める学校は絶好のターゲットになっています。また、規模の「最適化」「複合化」「多機能化」、そして「民営化」などに対して有利な地方債が適用されるなど、国による財政誘導が行われています。小・中学校の実質統合である小中一貫校が新たな学

校種とされ、「義務教育学校（小中9年間を一貫した学校、2015年法制化）」に対しても、2016年「義務教育諸学校等の施設費の国庫負担等に関する法律」の改正により、新校舎建設費の2分の1が国庫負担になるなど強力な財政誘導が導入されました。

　この時期に統廃合、実質的な統合である小中一貫校化のターゲットになっているのは、八王子市、西東京市、清瀬市などの多摩地域と練馬区、杉並区、板橋区、北区など北西部の区で、**図表2-3-2**に見るように、これらの地域では出生率が減少しています。その多くでは公共施設縮減の「数値目標」が高く設定され、学校がそのターゲットになっています。東京全体では児童・生徒数が増えているのに、増加している地域は中央区、港区など都心部に集中しており、都内格差は拡大しているのです。「職住接近」が可能な都心は、大企業等に勤務して労働力が再生産できる層が居住するようになって統廃合も行われないのに対し、周辺部は切り捨てられ「収容」型の安上がりな学校にまとめられていく傾向が見られます。

　八王子市では「複合化」を基本方針に小・中学校を施設一体型の「義務教育学校」にするだけでなく、子育て・福祉施設、病院などと複合施設にする計画が進められています。しかし、その「教育的効果」もデメリットもまだ検証されていませんし、地域や保護者に説明や合意形成を欠いた計画になっています。足立区では、工場跡地の再開発で人口が急増した足立新田の小中一貫校が児童・生徒数約1,900人に急増し、プレハブで校庭のない第2校舎も用いた「収容」型施設となっています。子どもたちにとって厳しい教育環境は「異常である」と区議会全会派一致で認めたのに改善されません。杉並区では、公共施設再編計画の下、児童館の全廃などの方針のなかで、2つの小学校と1つの中学校を統合した6階建ての施設一体型小中一貫校が、住環境の悪化、日照権など住民の反対を押し切って2020年度に開校されました。

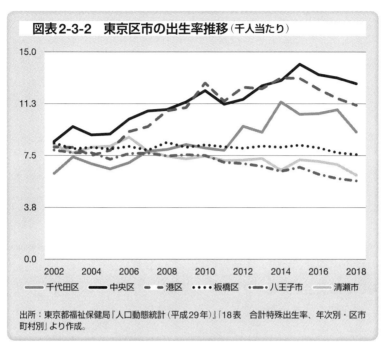

図表2-3-2　東京区市の出生率推移（千人当たり）

凡例：千代田区　中央区　港区　板橋区　八王子市　清瀬市

出所：東京都福祉保健局『人口動態統計（平成29年）』「18表　合計特殊出生率、年次別・区市町村別」より作成。

●再開発が狙いの跡地利用、少人数学級こそ導入を

　行政は表向きの統合理由として、統廃合の子どもに対する教育的効果そして、「切磋琢磨」などの「教育的俗説」を喧伝して保護者の不安を煽り、反対運動から分断させています。実際には、コスト削減のみならず地域の再開発、跡地の不動産の活用なども統廃合の目的となっています。経済学者の根本祐二氏は、東京特別区に厳格標準学級数「ルール（1学級40人で小中とも12〜18学級の学校）」を適用すれば165〜407校を統廃合でき公的不動産として有効活用できる、と述べています。足立区などでは駅周辺の学校の統廃合が進められ、跡地の再開発が行われています。

　多方、少人数学級を導入することによって、文科省が新しい統廃合の「手引き（2015年改正）」で統廃合の適否を検討するようにいう「単学級校」の解消が可能になります。しかし、すでに全国の40道府県で

小学3・4年生の約55%、5・6年生の約40%で「40人以下」学級が導入され、また都公立小学校長会、特別区教育長会などが「35人以下学級の推進」の要望書を毎年出しているにもかかわらず、東京都は小3以下の「40人学級」基準を頑なに維持しています。「少人数学級」を導入すれば「積極的な児童・生徒の授業参加」「教師によるきめ細かな対応」など成果が見られるといわれるうえに、教師の多忙化を一定程度軽減させることができます。東京都教育委員会は、国の「働き方改革ガイドライン」を受けた方針は出したものの、学校現場では、仕事量を減らさずに「時短」だけは達成しろといういわゆる「時短ハラスメント」すら出現しています。また多くの区市で教育方法等をそろえて画一化させる「スタンダード」が導入されていますが、板橋区などは小中一貫化に伴って導入を図っています。

●高校統廃合と実質バウチャーの可能性

　東京都教育委員会は高校において産業構造の転換に対応した高校種のスクラップ・アンド・ビルドを行ってきました。さらにSociety5.0の下では、情報など特定職業に対応しない普通科高校や定時制高校が統合のターゲットになります。小池都知事は2017年度から年収760万円以下の家庭を対象に「私立高等学校等授業料軽減助成金」を出して私立学校の授業料を実質「無償化」しています。それ自体は生徒の学ぶ権利を拡大させているのですが、同年から都立高校志望者は3,000人減少し、2020年度には171校のうち47校が定員割れを起こしています。それに対し都教育委員会は高校同士の「切磋琢磨」を提唱していますが、私学と競わせて定員割れした公立高校を廃校にしていく手法はすでに大阪府で用いられているものです。同様に地域の公立学校を切り崩す方途として、公設民営学校（チャーター・スクール）があります。2015年の法改正で国家戦略特区でのみ開設が可能となり、現在大阪市の中高一貫の英語特色校など2校が開校されていますが、東京での開設が懸念されます。

第3章

まちづくり

◉21世紀前半の今日、私たちは、中長期的な視野に立って、これからの東京のまちづくりの基本的なあり方について真剣に再検討していく必要がある。

◉何よりも「人間福祉」(Human Well-being) を多面的かつ総合的に充実させていく都市づくりこそが強く求められている。

◉とりわけ重要と思われる防災・治水・エネルギー・交通システム・軍事基地・豊洲市場・臨海副都心開発を取り上げる。

「災害多発時代」の防災・減災を重視し、効果的な治水対策を進める

1

●気候変動と増加する豪雨被害

近年、気候変動に関するニュースが国内外で報道されることが日常的になりつつあります。日本で生活していても、夏には「記録的猛暑」という言葉を聞かない年はなく、「超大型」台風の上陸も例年当たり前のことになるなど、気候変動の影響は人々にとってもはや身近な問題になっています。2019年10月、各地に記録的豪雨をもたらした台風19号による被害は、その象徴的な事例として今後も参照されるべき規模のものでした（**図表3-1-1**）。

東京をはじめとする都心部では、気候変動による大型化した台風に伴う豪雨のほか、「ヒートアイランド現象」との関係も指摘される局地的な「ゲリラ豪雨」の被害も無視できません。このような超大型台風や「ゲリラ豪雨」への対処として、どのような治水を考えるべきかという問題が、今後の東京のあり方を考えるうえで、欠かせない重要課題となっています。

●都内の治水と豪雨

都心部での豪雨被害は、河川の氾濫による浸水、下水道逆流による道路冠水、交通機関への影響などです。こうした影響を緩和するためには、河川・下水道事業を中心とした流域治水対策が必要です。なぜなら、東京都における豪雨への対処は、「河川や下水道を通じて雨水を居住地区から迅速に排除する」ことを主眼としてきたからです。

東京都の下水道網は、1884年に神田下水の建設に始まり、1960年～70年代にかけて集中的に整備され、1994年度末には都内の普及率

図表3-1-1　台風19号による主な被害（11日時点、総務省消防庁などによる）

死者		13都県90人（関連死含む）
行方不明者		5人
住宅 （その後の大雨を含む）	全半壊	1万1,706棟
	一部損壊	1万1,982棟
	床上浸水	3万1,390棟
	床下浸水	3万5,752棟
堤防決壊		71河川40箇所
土砂災害		20都県884件
停電		すべて復旧（最大52万1,540戸）
断水		27戸（最大16万6,149戸）

出所：『日本経済新聞』2019年11月12日付より。

が100%に達したといわれています。下水道の仕組みには、下水と雨水を分けて運ぶ方式の「分流式」、両者を同じ下水管で下水処理場に運ぶ「合流式」の2種類があります。急速に増加するニーズに早急に応えるということ、できるだけコストを抑えるという観点から、後者が選択されてきました。このような経緯から、都内の下水道管は約80%が合流式となっています。

　合流式下水管は、晴天時には特に問題は起きませんが、雨天時の降水量の程度によって、問題が生じる可能性があります。なぜなら、下水処理場の処理能力を超えて時間当たりの降水量が多くなると、「処理能力を超えた分の下水＋雨水」が河川に放流される仕組みだからです。現在の下水道システムでは、50mm/hを超える雨が降れば、下水は河川に放出されます。したがって、現行の下水道システムの下では、近年増加しつつある豪雨による被害のリスクは高まらざるを得ません（**図表3-1-2**）。

●豪雨時における雨水処理の対策

　このように、都内の治水を考えるうえで、（特に豪雨による）雨水にどう対処するかということが中心的な課題の1つになっています。より

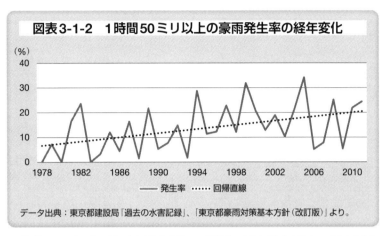

図表3-1-2　1時間50ミリ以上の豪雨発生率の経年変化

データ出典：東京都建設局「過去の水害記録」、「東京都豪雨対策基本方針（改訂版）」より。

　具体的にいえば、①下水道を通じて河川に流れ込む雨水の量を減らし、②河川に流れ込んだ雨水を制御することです。一般に「河川」とは、水の流れである「流水」および流水が流れる土地である「河道」の2つを指します。したがって豪雨対策とは、①豪雨時に「河道」を流れる「流水」の量を減らす、②大量の「流水」が流れ込んだ場合でも氾濫しない「河道」を整備する、という2つの対策を効果的に実施することです。

　東京都は、豪雨によるリスクが高まっていることを受けて、雨水処理の対策を打ち出してきました。2005年9月4日未明以降に発生した100mm/hを超える局所的豪雨による中野区・杉並区を中心とした被害を受けて、翌年8月に「東京都豪雨対策基本方針」（以下「基本方針」）を、その後も増加し続ける豪雨被害に対処するため「基本方針（改訂版）」を2014年6月に策定しました。さらに、前述した2019年10月の台風19号による被害への反省や、2020年夏に予定されている東京オリンピックへの対応を踏まえ、「基本方針」の取り組みを拡大・加速すべく、5ヵ年計画である「東京都豪雨対策アクションプラン」（以下「アクションプラン」）を2020年1月に策定しました。

　この「アクションプラン」は、東京都が描く「2040年代のビジョン」

およびその実現ために「2030年代にとるべき戦略」を提示した「『未来の東京』戦略ビジョン」(2019年12月策定) の一部として、「戦略8　安心・安全なまちづくり戦略」に位置づけられています。ここでは、①河川の護岸整備および調節池の整備、②雨水貯留施設建設事業を含めた下水道の整備、③各流域の各市区における流域対策の進捗状況の公表、などが含まれています。「アクションプラン」では、この3点を継承・強化したうえで、次の2点を追加する方針です。第1に、対策を強化するエリアを拡大すること、第2に、浸水被害が発生しているエリアで、市区と連携し雨水貯留浸透のモデル事業を行うことです。

●治水政策の実行と課題

　以上のように、東京都では河川整備・下水道整備を中心とした治水事業が進められています。特に雨水の貯留浸透は、雨水の資源活用の面からも注目される事業です。たとえば東京スカイツリータウンでは、地下に日本最大級といわれる貯留槽(約2,635m³) を備え、屋上緑化や太陽光パネルへの散水、トイレ洗浄水として雨水を活用しています。こうした大規模施設や公共施設の地下に雨水貯留槽を設置するほか、各住宅での雨水貯留タンクの設置も注目されています。また、雨水を地下に浸透させ保水機能を向上させる透水性舗装や緑地化なども有効な選択肢です。

　また、既述のように、都内の下水道は合流式であり、豪雨の際には下水が河川に放出され、各河川や東京湾の汚染の一因となります。2019年8月、トライアスロン国際大会のスイムが中止になるなど、東京湾の水質が問題視され、合流式下水道の難点が改めて浮き彫りになりました。しかし分流式下水道の敷設には23区全体で10兆3,000億円(事業期間は30年) かかると試算されています。一方で、都内の下水道網は老朽化が進みつつあります。インフラ更新の時期だからこそ、治水および水質汚濁への対応を踏まえた今後の下水事業のあり方について、長期的展望に基づいた議論をすべき時です。

2 「脱化石」&「脱原発」を めざし、再エネの 推進を図る

●パリ協定と大都市東京の役割

　2015年12月、パリで開催された第21回気候変動枠組条約締約国会議（COP21）で、2020年以降の気候変動対策を定めたパリ協定が採択されました。パリ協定では世界共通の長期目標として、産業革命前からの気温上昇を2度未満に保ち、1.5度に抑える努力目標が掲げられています。この目標を達成するために、初めて先進国・途上国にかかわらずCO_2をはじめとする温室効果ガスの削減義務が課されることとなり、今世紀後半には、世界全体の温室効果ガス排出量を実質0にすることが求められています。

　このパリ協定の目標を達成するためには、地方自治体、特に都市の役割が重要です。世界のエネルギー起源CO_2の約7割は人口や産業が集積する都市から排出されるといわれており、気候危機を回避するためには、世界有数の大都市である東京都の取り組みはきわめて重要です。

　東京都は2016年に策定した「東京都環境基本計画2016」で、「スマートエネルギー都市の実現」を目標として掲げました。具体的には、2030年までに都内の温室効果ガス排出量を2000年比で30%削減すること、エネルギー消費量を38%削減すること、再生可能エネルギーによる電力の利用割合を30%に高めることが政策目標として掲げられました。

　さらに2019年12月のCOP25では、2050年までにCO_2排出を実質0とすることを、世界の他の397都市とともに宣言しました。この宣言

をもとに同月策定されたのが「ゼロエミッション東京戦略」（以下「ゼロ
エミ戦略」）です。2016年の「東京都環境基本計画」では2030年までの
目標が示されていたのに対し、ゼロエミ戦略ではより先の2050年を
ゴールとし、CO_2排出実質0に向けたロードマップを示しています。

　都内のエネルギー消費量は、2017年時点で2000年に比べて22.7%
減少しました。一方で、CO_2排出量は東日本大震災と福島第一原発
事故による火力発電の焚き増しの影響もあり、4.2%増加しています。
エネルギー消費量と温室効果ガスの排出を抑え、目標を達成するに
は、使用するエネルギー量を減らす「省エネ」と、再生可能エネルギー
（以下「再エネ」）の利用を推進する「創エネ」の2つの方向性からの取り
組みが必要ですが、今後は温室効果ガスの削減により焦点を当て、具
体的な対策を行わなければならないことがわかります。

●省エネによるエネルギー大量消費都市からの脱却

　2017年度の東京都の温室効果ガス排出を部門別に見ると、業務・
産業部門が約46%、家庭部門が約26%を占めています。また業務部
門のうちの約60%がオフィス（事業所）用途から排出されており、大企
業の本社中枢機能が集積する東京の特徴となっています。

　東京都は2010年に国に先駆けて排出量取引制度（キャップ＆トレード
制度）を導入しました。排出量取引制度とは、企業ごとに温室効果ガ
スの排出枠（キャップ）を定め、排出枠が余った企業と排出枠を超えて
排出した企業の間でその枠を取引（トレード）する制度です。排出量取
引を行うことで、より安い費用で同じ量の温室効果ガスを削減でき
るというメリットがあります。排出量取引制度の対象となるのは、年
間のエネルギー使用量が原油換算で1,500kL以上の大規模事業所約
1,200ヵ所で、業務・産業部門の排出量の約4割を占めます。制度開
始後8年目である2017年度の結果は、基準年度比27%の温室効果ガ
ス削減となっており、目標値である15～17%削減を上回る成果が出
ています。

一方で、今後は大規模事業所以外の中小規模事業所や家庭部門での省エネが重要になってきます。都内には約66万の中小規模事業所があるといわれていますが、人員や資金、技術等の点で省エネを推進することが難しく、大規模事業所に比べると省エネが進んでいません。「地球温暖化対策報告書制度」に基づき、任意（一部は義務）でエネルギー消費量や温室効果ガス排出量を東京都に提出することになっていますが、排出量取引制度のような削減義務や罰則はありません。資金力や技術力の面で省エネに取り組むことが難しい中小規模事業所がどのような省エネ阻害要因に直面しているかを見極めたうえで、適切かつ効果的な支援を行う必要があります。また、家庭部門については、主に光熱費削減の面から省エネのメリットを伝え、照明のLED化など、取り組みが容易な点から省エネ行動を推進させる仕組みが必要となります。

●再生可能エネルギーの推進とCO_2排出0へ向けて

　温室効果ガスを削減するためには、省エネに加えて再エネによる創エネが必要です。2017年時点で、都内には太陽光発電が53万kW導入されており、電力消費量に占める再エネ電力の割合は14.1%です。また、2019年8月から都庁第一本庁舎で使われる電力は100%再エネ由来となりました。このように、都内では再エネの導入が進んでいます。しかし、都が掲げる2030年再エネ電力割合30%、2050年CO_2排出実質0を達成するためには、さらに積極的な創エネを進めていかなければなりません。

　再エネの導入には、主に2つの方法があります。1つは都内で再エネを生産し、エネルギーの地産地消を行うこと、もう1つは都外で生産された再エネを導入することです。都内での再エネ生産の可能性については、環境省が公表している「平成29年度再生可能エネルギーに関するゾーニング基礎情報等の整備・公開に関する委託業務報告書」によると、たとえば太陽光については都内に942.31万kWの導入

ポテンシャルがあると推計されています。これは現在の導入量の約18倍であり、高いポテンシャルを持っているといえます。ただし、東京の場合は建物が密集しているため、ビルの屋上や家庭の屋根への小規模ソーラーパネル設置が主となります。都は「東京ソーラー屋根台帳」を公開し、都内の各建物がどの程度太陽光発電に適しているのかをマッピングするなどの情報提供を行っていますが、今後は省エネと創エネを組み合わせたZEB（ゼロ・エネルギー・ビル）やZEH（ゼロ・エネルギー・ハウス）の導入を強力に推し進めることが必要です。また、再エネを地産地消するに当たっては、エネルギーを貯める「蓄エネ」の視点も重要です。

　一方で東京はエネルギーの大消費地でもあるため、都内での創エネ＋蓄エネだけではCO_2排出量０の達成は困難です。そこで都外で生産された再エネ電力を導入する必要が出てきます。2016年の電力小売全面自由化により、一般家庭も東京電力以外の電力会社から電力を購入できるようになりました。しかし、一般家庭では東京電力から新電力に乗り換える動きが鈍いことが課題となっています。そこで都は、一般家庭の再エネ電力の購入を促す取り組みである「再生可能エネルギーグループ購入促進モデル事業（通称「みんなで一緒に自然の電気」キャンペーン）」を2019年12月から開始しています。

●具体的で実効性のある政策を

　温室効果ガスの削減や再エネの推進に関して、東京都が打ち出している目標は、国の目標を大きく上回っており、意欲的な姿勢であるといえます。問題はこの将来目標を達成するために、都政として具体的にどのような政策を打ち出すかです。現在実際に行われている施策の多くは、2030年の目標値達成を念頭に置いており、その先の2050年CO_2排出０を達成するための具体的な施策は現時点では不明瞭です。意欲的な目標が絵に描いた餅にならないためには、具体的で実効性のある政策を速やかに打ち出していく必要があります。

3 自動車公害をなくし、持続可能な都市交通システムを整備する

●これまでの自動車公害への対策

東京は、1970年代以降長期にわたり、自動車に由来するさまざまな公害・被害に直面してきました。排出ガスによる大気汚染と健康被害は深刻で、90年代には「東京大気汚染訴訟」が提起されました。また、死亡事故を含む交通事故も相次ぎ、ピーク時の1970〜80年代には「交通戦争」といわれるほどでした。

こうした事態に対して、これまで自動車排出ガスの濃度を規制する「単体規制」や数次にわたる窒素酸化物（NO_X）削減計画の実施、90年代末以降の「ディーゼル車NO作戦」や「不正軽油撲滅作戦」など数々の取り組みが重ねられてきました。その結果、東京の大気環境は着実に改善してきたといえるでしょう。特に2003年10月からのディーゼル車走行規制を契機として、現在では住宅地などに設置された一般大気環境測定局だけでなく、道路沿いに設置された自動車排出ガス測定局でも二酸化窒素（NO_2）や浮遊粒子状物質（SPM）、微小粒子状物質（$PM_{2.5}$）などの環境基準はほぼすべての局で達成しています。また、交通事故に対しては、自動車安全性能の向上や取り締まりの強化・厳罰化などによって、事故件数および死亡者数は大幅に減ってきています。

とはいえ、依然として痛ましい事故はなくならず、環境的な持続可能性という観点からも自動車交通はいまなお多くの課題を抱えています。特に現在では、従来の大気汚染対策という観点に加え、気候変動対策という観点からも取り組まれる必要があり、近年は後者の

観点が強調されています。

●気候変動対策としての取り組み

次に、気候変動対策としての取り組みについて見てみましょう。

都内の二酸化炭素（CO_2）排出量の約2割は運輸部門が占めており、その約8割は自動車に由来しているといわれます。そのため、自動車によらず自転車や徒歩、そして公共交通機関の利用に切り替えることが CO_2 削減のためには重要です。この間、自転車通行空間の整備は進められていますが、現状では車道や歩道との混在など、自転車走行者にとっても歩行者や自動車にとっても危険な思いをする場面が多くあります。歩行者や自転車が安全かつ快適に走行できる条件を確保することは急務の課題といえるでしょう。

同時に、自動車そのものの脱炭素化も必要であり、走行時に CO_2 などの排出ガスを出さない電気自動車（EV）や燃料電池自動車（FCV）、プラグインハイブリッド車（PHV）といったゼロエミッション・ビークル（ZEV）に注目が集まっています。

小池都知事は2018年5月に開催された国際会議「きれいな空と都市　東京フォーラム」において、2030年の都内の乗用車新車販売に占める ZEV の割合を50％まで高めるとの目標を掲げました（2018年度はわずか1.6％）。さらに、2019年12月に策定された「ゼロエミッション東京戦略」のなかにも「ZEV 普及プログラム」を位置づけています。そこでは ZEV 普及を支えるインフラの整備として、2030年までに公共用急速充電器の設置（1,000基）や水素ステーションの整備（150ヵ所）などを目標として掲げています。また、従来の EV や PHV 等に対する導入支援制度も補助予定台数を増やし、申請対象を中小企業から都民や大企業へと拡大、充電設備の導入にあたっても補助対象者を拡大するなど、短期集中的とはいえ大幅に拡充しています。これに伴い「ZEV 普及促進」のための予算は、2017年度は他事業の一部だったものが、2018年度に12億円、2019年度には58億円、2020年度予算案

では88億円へと増額されています。

こうした取り組みは、需要や技術発展の方向をよりグリーンで持続可能なものへと水路づけるグリーン・イノベーションとして評価できます。とはいえ、世界的な流れから見れば、決して高い目標ではありません。すでに国や都市によってはZEVを一定比率以上販売することを義務化しているところや、ディーゼル車やガソリン車の禁止に向けて動いているところもあります。むしろ世界に遅れを取っている状況であり、今後これらの目標を着実に達成していくことが求められています。

また、前提としてZEVの実現のためには、電気そのものが脱炭素化されている必要があります。東京都がいうように「Well to Wheel」（井戸〔well〕＝燃料入手段階から車輪〔wheel〕＝実際の走行段階まで）という観点でゼロエミッションをめざすなら、EVやFCVで用いる電力の再生エネルギー化を急速に進めることも必要です。

● 大気汚染対策の継続

こうした気候変動対策としての取り組みの一方で、従来の大気汚染対策が疎かになってはなりません。前述のように都内の大気環境は改善傾向にあります。一方、環境基準未達成の測定局は、大きな幹線道路沿いやそれが交差・重層になっているところなどで、排出ガスが滞留しやすいなどの立地上の特徴が見られます。逆にいえば、全体的には改善しつつも局地的に比較的濃度が高い箇所があり得るということです。したがって、現在の改善傾向を維持し、自動車公害をなくしていくためにはこれまでの対策の継続も求められています。

また、東京都では、大気汚染の影響を受けると推定される疾病（気管支ぜん息や慢性気管支炎等）の罹患者に対し、一定の要件を満たす場合、医療費のうち保険適用後の自己負担分全額を助成するぜん息医療費救済制度を設けています。この制度は、「東京大気汚染訴訟」の和解解決に基づく成果です。このための財源は、東京都・国・首都高速

道路会社・自動車メーカーが公害発生責任者として拠出することになりました。ただし、慢性気管支炎や肺気腫は対象外とされ、5年後には見直しを行うという規定がありました。実際、2015年度以降は、18歳以上の新規認定を打ち切り、助成の対象を6,000円超える分に限るなど、予算措置も削減されています。こうした動きが、被害者救済の課題を大幅に後退化させていく結果にならないようにしなければなりません。

●都市交通システムとしての視点の重要性

　自動車公害をめぐる議論においては、自動車の環境性能も重要な論点ですが、それはあくまでも対策手段の1つにすぎません。むしろ自動車公害対策とは、人々の快適な生活空間をいかに取り戻すか、いかに維持・確保するかが問われる問題だという視点が重要です。自動車公害が問題になり始めた当時、自動車の走行に伴う排出ガスや騒音、振動そして多くの交通事故・死亡事故を引き起こす自動車の存在そのものが、都市に住む人々の生活・健康を脅かしていました。それは無秩序な道路建設や交通渋滞等にも由来し、自動車公害とは経済成長一辺倒で形成された都市交通システムが人々の生活にもたらす脅威だったといえるでしょう。そして、現在ではその「脅威」に気候変動に伴うさまざまな影響が加わり、「人々」に現世代だけでなく将来世代が含まれるようになっています。

　都市とは将来世代を含めた人々が生活する場であり、豊かで快適な生活圏が確保されるということが主軸におかれなければなりません。自動車公害をなくしていくためには、人々の生活空間、生活の質をいかに高めるかという総合的な視点が必要です。

4 首都から軍事基地をなくし、「平和都市東京」をめざす

●軍用機による騒音被害が続く横田基地

　現在、日本の首都である東京都内に7つもの米軍基地が置かれています。この総面積は約1,601haで、東京ドーム約340個分の広さになります。なかでも都民の生活に最も深刻な影響を与えているのが横田基地です。東京都の多摩地域に位置し、約3,350mの滑走路を持ち、主に軍事的な輸送基地として使用されています。また、在日米軍司令部や第5空軍司令部なども置かれています。

　この横田基地の周辺では、頻繁に離発着を繰り返す軍用機騒音による深刻な被害が、長年にわたって続いています。1976年以降に提訴された5つの訴訟（横田基地公害訴訟、新横田基地公害訴訟、横田基地飛行差し止め訴訟、第9次横田基地公害訴訟、第2次新横田基地公害訴訟）のそれぞれの判決で騒音被害の違法性が認定されているにもかかわらず、戦後70年以上も経過している今日なお、軍用機騒音による深刻な被害はほとんど解決されておりません。

●事故率が高い欠陥輸送機「CV-22オスプレイ」も配備

　さらに、この横田基地には2018年10月1日から「CV-22オスプレイ」という大型の軍用輸送機が新たに配備されることになりました。この輸送機は、米国のベル・ヘリコプター社とボーイング社が共同開発し、航空機とヘリコプターを合わせた機能を持つという特徴がありますが、開発段階から事故率が高い欠陥機だと指摘されてきました（**図表3-4-1**）。

　実際にこの間、オイル漏れによる火災、部品の落下、配線ミスでの

図表3-4-1　CV-22 オスプレイ

航法関連装置・自己防護装置	
● ミッションコンピュータ	● レーダー高度計
● 慣性航法装置	● 地形追随装置
● GPS	● 夜間飛行能力の強化
● 前方赤外線監視装置（FLIR）	● 電子妨害機能
● 敵味方識別装置（IFF）	● レーダー探知機能
● 戦術航法装置（TACAN）	

（撮影：羽村平和委員会）

出所：防衛省・自衛隊の公式サイトより（https://www.mod.go.jp/j/approach/anpo/osprey/yokota/cv22.html）。

不時着、操作ミスや機体不良等の諸原因によって事故が多発している輸送機です。こうした非常に危険性が高い大型輸送機の横田基地への配備をめぐっては、周辺の5市1町（立川市、昭島市、福生市、武蔵村山市、羽村市、瑞穂町）の住民から強い懸念の声があがりました。これを受けて、2018年9月25日付で「横田基地に関する東京都と周辺市町連絡協議会」から防衛大臣と外務大臣宛に、「1. 配備後も、CV-22オスプレイの訓練等の情報や機体の安全性に関する情報について、迅速かつ正確に情報提供すること。2. 安全対策を徹底するとともに、騒音など基地周辺住民の生活環境への影響を最小限にとどめること。また、運用に関する地元自治体からの要請等に対して真摯に対応すること」という要請が出されました。しかし北関東防衛局のサイトによれば、横田基地における「CV-22オスプレイの離着陸状況の目視確認及び離着陸回数の情報提供」が配備開始の2018年10月から実施されてきましたが、わずか1年をもって終了するなど、まことにおざなりな対応にとどまっています。

● **繰り返される基地汚染の頻発**

さらには、この間に基地内外での有害物質汚染の流出が繰り返し引き起こされており、都民生活が深刻に脅かされています。しかも、こうした基地汚染は何度も頻発しているにもかかわらず、それらの情

報がほとんど地元の自治体当局や関係住民に知らされていません。たとえば、米国の情報自由法で公開された資料によって1999年9月30日から2006年5月10日までの約7年間に90件もの漏出事故が横田基地で発生していたことが判明していますが、そのうち日本側に通報されたのはわずか1件だけでした。こうした状況が続くなかで、2019年1月、横田基地周辺の井戸で、高濃度の有機フッ素化合物（PFOS、PSOA）が検出されていたことが判明しました（**図表3-4-2**）。

　この有機フッ素化合物は、国連のストックホルム条約会議で製造・使用が原則禁止されている有害物質です。しかもこの重大な汚染の発覚も、英国人ジャーナリストのジョン・ミッチュル氏が米国の情報自由法に基づいて入手した資料を報道したことがきっかけでした。この間、東京都は、こうした基地内外での有害物質汚染についての正確な情報を入手する手段さえ欠いている状況にあります。この状況を速やかに改善し、周辺住民の健康と生活の安全を確保する手段をしっかりと確立していくことが非常に重要となっています。

●基地のない「平和都市東京」をめざして

　現在、東京都の庁内に知事本局基地対策部があり、「都内米軍基地の整理・縮小・返還」に関して国に働きかけをしています。具体的には、横田基地の軍民共用化の推進、多摩サービス補助施設および赤坂プレスセンターの即時返還、横田空域および管制業務の返還、日米地位協定の適切な見直し、国への米軍基地対策の推進（予算の要求等）など、各種の要請を行っています。また、すでに触れましたが、「横田基地に関する東京都と周辺市町連絡協議会」など、基地関係自治体と連携した取り組みもそれなりに行われています。

　しかし、米軍が軍用機を自由に運行させたり、軍事基地内の汚染について地元自治体の立ち入り調査を拒否したりしているのは、日米安全保障条約に基づく「日米地位協定」3条の規定があり、米軍に基地内の「排他的使用権」が認められているためです。この点では、ま

図表3-4-2　「朝日新聞」2020年1月6日付の記事

出所：『朝日新聞』2020年1月6日付。

ず日米地位協定の改定や、特に環境条項の新設を一刻も早く実現していく取り組みが重要になっています。

　また何よりも、戦後70年以上にもわたり、日本の首都に外国軍（米軍）の軍事基地が堂々と駐留し続け、都民生活に深刻な被害を与え続けているという状況は、国際的に見てきわめて異常なことです。中・長期的には、都内からすべての軍事基地をなくし、「平和都市東京」をめざしていく取り組みの先頭に東京都知事が立っていくことが強く求められています。

5 豊洲新市場の 土壌・地下水汚染に 見るガバナンスの欠如

●オープンした豊洲市場、処理はすれども汚染は残る

　2018年10月、江東区豊洲に、東京都中央卸売市場がオープンしました。中央区築地から江東区豊洲への移転の可否は、都知事選の争点の1つになるなど、多くの議論を巻き起こしてきました。移転に反対した人々の大きな懸念が、豊洲の市場予定地に存在する土壌汚染でした。2016年9月には市場建物下部に地中空間が見つかるなど、迷走を続けてきました。結局、2018年8月に小池都知事が「安心、安全宣言」を出し、開場の運びとなりました。

　この豊洲市場の土地では、1956〜1988年にわたり石炭を原料とする都市ガス製造工場が操業していました。その製造工程では、触媒としてヒ素化合物などが使用され、また副生物としてタール状のベンゼンやシアン化合物が生成し、これらの有害物質による敷地全体にわたる深刻な土壌・地下水汚染が引き起こされてきたのです。

　東京ガスは自主的に一定の処理をしましたが、深い汚染土と地下水には手がつけられませんでした。当初から東京ガスは土壌・地下水環境基準まで処理できないと考え、市場用地としての売却に消極的でした。しかし石原慎太郎都知事(当時)は、土壌汚染を知りながら水面下で売買契約を進め、強引に移転計画を進めました。

　2006年頃から、都が市場関係者への移転説明をするなかで、市場予定地には依然として深刻な汚染があることが知られてきました。そこで都は追加対策として、旧地盤面から2m盛土するという追加対策を打ち出しました。しかし、依然として地中には汚染が残るという事

態に変わりはありませんでした。そのため、豊洲移転反対の声が高まり、都は土壌汚染対策を再検討せざるを得なくなりました。その後、2007年に学識経験者からなる「豊洲新市場予定地の土壌汚染に関する専門家会議（以下「専門家会議」）」が発足し、市場予定地の全面的な再調査が行われ、敷地全面にわたる汚染が見つかりました。表層土壌の汚染も深刻で、最高濃度は、ベンゼンが環境基準の4.3万倍、シアン化合物が検出限界の860倍でした。

●都市場長：「土壌も地下水も環境基準以下にする」

　こうした深刻な汚染の処理方法の具体化は、「豊洲新市場予定地の土壌汚染工事に関する技術会議（以下「技術会議」）」（2008年発足）に委ねられました。技術会議は、遮水壁の一括化、汚染土の生物化学処理などによってコストを圧縮するとしました。ここで注目すべきは、当時の都議会にて「土壌も地下水も環境基準以下にする」と東京都市場長が明言し、2010年3月の議会付帯決議にも明記されたことです。これにより、移転に強硬に反対してきた仲卸業者が、鉾を収めていきました。移転に反対してきた都議会民主党も、一部議員が移転賛成に離反し、豊洲への移転が一気に加速。ついに2014年、都は市場建物に着工しました。ところが、建物部分がほぼ完成に近づいた2016年、建物下部にて、本来あるはずの旧地盤面から2.5mの盛土がないことが発覚しました。通常は毛細管現象による地下水の上昇を防ぐために、砕石層を設けて、そのうえに盛土をします。しかし現実には盛土がなく、砕石層のみが存在し（**図表3-5-1**）、市場建物下部は地下水によって満たされていました（**図表3-5-2**）。

　これに伴い、再び専門家会議が招集され、6回にわたる審議ののち、報告書が出されました。盛土の代わりに、ガスを遮蔽するシートの敷設、コンクリートの割れ目からのガスを防ぐ補修、有害なガスがたまる地下空間の換気、地下水の上昇を防ぐための揚水ポンプの強化、の4点を提言しました。専門家会議座長の平田健正氏は「地上は安全、

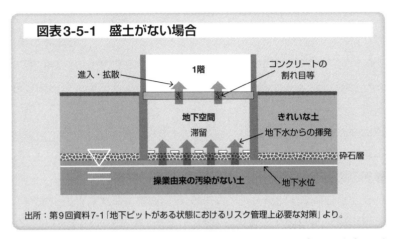

図表3-5-1　盛土がない場合

進入・拡散　　　1階　　　コンクリートの
　　　　　　　　　　　　　　割れ目等

地下空間　　　　　　きれいな土
滞留　　　　　地下水からの揮発

砕石層

操業由来の汚染がない土　　地下水位

出所：第9回資料7-1「地下ピットがある状態におけるリスク管理上必要な対策」より。

地下は管理」（第6回専門家会議〔2017年6月11日〕議事録）と述べ、地中の汚
染をコントロールしつつ、地上の安全を図るというものでした。しか
し、結局、豊洲新市場の地下は依然として汚染されたままです。

●残る再汚染の懸念

　都は2014年11月～2016年12月まで、計9回にわたって地下水の
モニタリングを行ってきました。9回目の計測で、各地にてシアンや
ベンゼンが検出されました。専門家会議は、「地下水管理システムに
よる揚水が本格稼動を開始し、帯水層下部を中心に地下水流動に変
化が生じたことが影響」としました。しかしいまだに汚染が残ってお
り、降雨の浸透による地下水位の変動によって、それらが再び表層に
出てくる可能性が指摘されています。また、豊洲の地盤には有楽町層
という不透水層が存在し、その上部にしか汚染は存在しないと、都は
前提していますが、有楽町層そのものが連続しておらず、引き続き汚
染地下水が検出される可能性が指摘されています。豊洲市場はいま
だに汚染が存在することから、土壌汚染対策法での「形質変更時要届
出区域」という扱いになったままです。つまり、「この土地は汚染が地
中に存在するので、土地をいじくる時には届け出て適切に扱わなけれ
ばならない」という札付きの土地なのです。

図表3-5-2　6街区地下ピット部

現況

出所：第1回専門家会議（2016年10月15日）資料5-1「地下空間」より。

●ガバナンスの欠如：都の無責任体質

　豊洲市場の土壌汚染対策で都は897億円を負担してきました。他方、汚染者である東京ガスの負担は、自主的な処理分と都の処理分の一部、約178億円にとどまります。それ以外は、租税負担となっています。これだけの費用を負担しながら、さらに都は、汚染が残る土地を「汚染を考慮しない」価格である1,859億円で東京ガスから買い取っています。民間土地市場においては、汚染の残る土地は多大な減価を伴うか、そもそも取引の対象となりません。つまり私たちの税金が、非常に不透明な形で支出されたのです。

　以上のことが示しているのは、都のガバナンスの欠如と無責任体質です。東京ガスとの土地取引で、石原都知事（当時）の側近であった浜渦武生氏は汚染土の扱いについて密約を交わしたとして、都議会の百条委員会において偽証罪で告発されました。

　こうした豊洲新市場移転の経緯を見ると、いったん始めたら止めることができない公共事業との類似点を見ることができます。情報公開と利害関係者による合議が何よりの出発点となります。また、そのための環境アセスメントやリスクコミュニケーションの制度改革も必要となっています。

6 築地・豊洲と卸売市場行政

我々は何を失ったのか

●移転騒動＝築地市場廃止・豊洲市場開場の顛末

　2016年7月31日・都知事選挙で当選を果たした小池百合子氏は約1ヵ月後の8月31日、「安全性への懸念」などを理由として「延期」を決断しました。9月10日には「盛り土問題」（土壌汚染対策における安全性の根拠となっていた4.5mの盛り土がされていなかった）で緊急記者会見。テレビ・ワイドショーを巻き込んだ小池フィーバーが巻き起こったのは記憶に新しいところです。多くの都民が、都政の透明化を心から期待していたのです。

　しかし2017年の都議会議員選挙を目前にして、事態は一気に転調します。6月20日、「基本方針」として「築地は守る、豊洲を活かす」を公表したからです。小池都知事は「築地のブランド価値を、さらに高める」としながら、同時に「築地再開発のために豊洲に移転する」ともいうなど、これが欺瞞に満ちたものであることは明らかでした。

　はたして2018年10月11日、多く関係者の移転反対の声があるにもかかわらず、小池都知事は豊洲市場の開場を強行しました。これにより長い間、世界中から愛された財産でありブランドであった築地市場は跡形もなく破壊され、代わって豊洲市場という不良債権が都民には残されることとなりました。

●問題山積の豊洲市場

　まず豊洲市場は、「交通アクセス」が極端に悪いという致命的な大問題があります。最寄りの駅は新交通システムゆりかもめの"市場前駅"しかなく、JR新橋駅から片道29分・380円もかかるのです。やむ

なく乗用車で豊洲市場までたどり着いても、駐車場がごくわずかしか
なく、時間極め駐車場は1時間停めるだけで600円もかかります。

　もう1つ深刻なのは、施設の安全性の問題です。豊洲市場が開場し
てから、勤務中の重大事故が多発しているのです。「東卸」早山理事
長によれば「人身事故は築地市場時代のほぼ2倍」ということですが、
すでに少なくとも2人の方が亡くなっています。特にエレベーターで
の重大事故が多く、脳挫傷になった方、失明された方が確認されてい
ます。骨折などの重傷者は数える暇もないほどで、毎日のように救急
車で運ばれていきます。

　こういった重大事故の多発の原因として、豊洲市場の設計に当
たって設計者である日建設計が、ユーザーである市場関係者の話し
を十分に聞き取っていなかったという問題があるのですが、それを象
徴しているのが**図表3-6-1**です。豊洲市場の建築・設計の不備につい
ては開場前から指摘されてきましたが、「床積載荷重が足りない」こ
とは事実だったのです。「2.5tフォークリフト」というのは爪のうえに
2.5tまで載せられる仕様なのですが、この張り紙によれば「800kg」ま
でしか積めないというのです。つまり、これ以上積載した場合、建築
基準法に抵触するということなのです。

　また「振動問題」もあります。豊洲市場の6街区の事務所施設・飲
食店街は、地震がないにもかかわらず、震度2ぐらいの状態でずっと
揺れているという問題です。原因は建物のジョイント部分を車両が通
ることだとわかったのですが、東京都の取った対策は**図表3-6-2**です。
何と、通行止めにしてしまったのです!!

　そのほか「室内を走るターレー（運搬車）は屋外には出ず、屋外の車
両は室内には入らない」という約束だった「衛生管理」は、開場初日
から崩壊し（外も中もターレーで走らざるを得ない）、「コールドチェーン」
（低温物流体系）も虚構でした。当然、豊洲市場での水産物・取扱量は
伸び悩んでいます。「実施計画のまとめ」（2006年）では、取扱数量の想

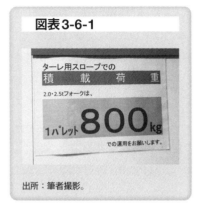

図表3-6-1

出所：筆者撮影。

図表3-6-2

出所：筆者撮影。

定を日量2,300t としていたものが、現実にはその半分程度に止まって
います。このままだと豊洲市場の運営には毎年100億円以上の赤字が
出るのは必至で、築地市場が終始黒字経営だったことを考えれば、取
り返しのつかない損失です。

●市場条例『改正』のブラックボックス

　そして小池都政の下で私たちが失ったのは築地市場だけではあり
ません。きめ細かい規制で定評のあった東京都中央卸売市場条例が、
2019年12月に「改正」されてしまったのです。

　そもそも卸売市場とは何なのでしょうか。20年ほど前に外資系
スーパーが、大店法廃止を契機に、日本に進出してきたことがありま
した。しかしいずれも思うような成果を出せずに、カルフール、テス
コは結局は撤退しました。この時の撤退理由が重要です。それは「日
本の生鮮食品のアイテムの多さに対応できない」というものだったか
らです。「生鮮食品のアイテム」。これこそが卸売市場で生まれるもの
なのです。公開・公正の原則の下、毎日行われるセリ取引・相対取
引。これらを通じて仲卸が値付けを繰り返すことによって、たとえば、
ただのマグロだったものが「大間のマグロ」というアイテムに育って
ゆくわけです。これが卸売市場制度なのです。

　ところが2018年6月、安倍政権は「近代の傑作」とまでいわれたこ

の卸売市場法を、ほとんど原型をとどめないまでに「規制緩和」してしまいました。これを受けて全国で条例改正が進められていますが、なかでも東京都の対応は酷いものです。

第1に、条例改正に当たって農水省の方針では「取引参加者の意見を偏りなく十分に聞く」ことを求めていますが、東京都では非公開の「条例改正準備会議」を4回、公開の「取引業務運営協議会」は実質たった1回でした。しかもこの協議会はこれまで全会一致でやってきましたが、反対意見を押し切った(2名の委員が反対)のは今回が初めてです。とても「十分に聞く」ことにはなっていません。

第2に、「適正な価格形成」ができなくなる可能性があります。特にこれまで禁止されていた「卸・仲卸の兼務禁止」がなくなり、セリ人(卸)が系列の仲卸と密かに通謀して価格を操作するなどの心配があります。

第3に、卸・仲卸は、開設区域(東京都内の意)では小売行為は禁止となっていましたが、改正市場条例では開設区域という概念がなくなり、卸・仲卸による小売も解禁されます。零細な小売店・飲食店には脅威となります。

第4に、「商物一致原則」「委託物品の即日上場」「卸売をしていない物品の搬出禁止」「せり売開始時刻前の卸売の禁止」「委託物品の受領」に当たっての通知・報告義務、「卸売物品の買受人の明示」等々、公開性を高める規制が片っ端から廃止され、取引がブラックボックスに入ってしまう可能性があります。

第5に、「卸売物品の再上場の禁止」「自己買受の禁止」「卸売代金の変更の禁止」がなくなり、循環取引などの価格操作、粉飾、不正取引の温床になる可能性があります。

「改正」卸売市場条例の施行は2020年6月からになりますが、そもそも卸売市場は都民・国民の財産です。これを守る、改正前に戻させる運動を構築することが急務です。

7

臨海部開発
―― オリンピック・晴海選手村・カジノ誘致

●臨海部開発の歴史的背景と現局面

　まず最初に、東京臨海部開発（以下「臨海部開発」）の歴史を若干振り返りたいと思います。

　1988年、当時の鈴木俊一都知事は「臨海副都心開発計画」（台場、青海、有明北・南）を発表、同時に「豊洲・晴海再開発基本方針」を打ち出しました。ところが、1991年バブル経済が崩壊し、先行予定の副都心開発が大きく破たん・頓挫し、豊洲・晴海（以下「豊・晴」）の再開発どころではなくなりました。

　その後2000年頃まで東京都は破たんした臨海副都心開発に際限なく税金を投入し、当初の開発理念を投げ捨て、なりふり構わず企業・団体誘致を図った結果、同地域の開発は7割程度にまで進みました。しかし豊・晴は一向に手つかずのまま、臨海副都心地域の3割の未処分地も含め、港湾局や都は「どんな企業、整備手法でもよい。開発が動き出せば」との思いに駆られていたようです。

　21世紀に入りやっと浮上してきたのが、まず築地市場の豊洲への移転。そして、晴海選手村など臨海部でのオリンピック・パラリンピック（以下「オリ・パラ」）会場整備などの開発です。港湾局が都有地を不当に不利な条件で民有地と交換したり、また超格安で売却したのもほとんどの開発に無批判に協力してきた結果です。

　今日新たに浮上してきたのが、青海地区を中心とした臨海副都心内未処分地へのIR・カジノ誘致計画です。

　都や港湾局による豊・晴や臨海副都心を含む臨海部全域の開発推

進は、時の政権の国土開発政策、経済成長戦略具体化の一環でもあります。したがって国が主導した民活方式や臨海部での都市再生緊急整備地域や国家戦略特区の指定などを都が最大限活用してきているのはいうまでもありません。

●臨海部開発と晴海選手村

臨海部でのオリ・パラ会場や関連施設の主なものは、水泳場(辰巳)、バレーボール(有明)、ボート(海の森)、メディアセンター(国際展示場増改築)、選手村(晴海)、臨港道路南北線、国際クルーズ客船バース(青海)などです。大会を目前に控え、その大部分は完成しています。巨額の税金が投入されてきましたが、大会後あまり収益の見込みのない競技施設の維持管理には、多額の経費を要し、大きな負の遺産となりかねません。

とりわけ選手村整備の進め方は、地方自治の根幹にも係わる理不尽なものです。都はこの選手村整備を口実として、大会後建設予定の超高層タワーマンション2棟を含め延べ23棟、5,632戸分の住宅建設を「晴海5丁目西地区第一種市街地再開発事業」として進めています。そのため2016年12月、広大な都有地(13.4ヘクタール)を相場(1,600億円余)の1割弱(129.6億円)で大手開発デベロッパーらの企業グループに投げ売りしました(**図表3-7-1**)。都の損害額は1,500億円にも上ります。

それは選手村整備手法の検討、整備構想作成、事業計画策定、整備主体・土地評価額の決定、土地譲渡契約締結に至る一連の過程で、都と関係企業との間で綿密な協議が行われた結果だといわざるを得ません。都による都市再開発法の悪用・濫用や、「開発法」なる土地評価手法の採用も、官民癒着(官製談合?)を覆い隠し、合法性を装う猿芝居と云えます。

2017年8月、都民33名が原告となり、「土地投げ売りを正す」ことを都知事に求める住民訴訟を東京地方裁判所に提起し、今裁判で争われています。次回(第9回)口頭弁論は2020年6月12日です。傍聴参

図表3-7-1　選手村用地と23区の一番安い住宅地との比較

区名	所在地	金額 万円/m²	区名	所在地	金額 万円/m²
千代田	富士見町1-4-12	142.0	中野	若宮2-10-11	42.4
中央	佃3-1-9	77.2	杉並	井草1-19-24	39.2
港	港南3-7-23	95.8	豊島	駒込7-14-15	44.3
新宿	中井2-27-13	51.8	北	浮間1-15-13	32.7
文京	千石1-4-7	73.1	荒川	町屋7-9-13	38.0
台東	根岸4-10-10	50.0	板橋	高島平7-29-3	31.7
墨田	墨田4-21-2	30.2	練馬	大泉町1-27-13	22.2
江東	東砂2-9-9	32.7	葛飾	西水元2-11-22	18.5
品川	西大井5-16-2	53.8	江戸川	大杉4-20-4	25.1
目黒	緑ヶ丘3-5-15	65.3	足立	辰沼2-18-4	17.6
大田	仲六郷3-16-8	34.3			
世田谷	喜多見4-3-13	29.2	**選手村用地譲渡価格**		
渋谷	本町2-29-7	64.5	**9.7万円/m²**		

出所：都内23区の公示価格（2018年1月1日現在）より作成。

加者を広げていきましょう。

●臨海部開発とIR・カジノ誘致

　都港湾局では、数年前から臨海部へのIR（Integrated Resort＝統合型リゾートホテル・劇場・国際会議場・展示会場・ショッピングモールなどが一体となった施設）・カジノ（IRの中心施設）誘致を検討してきました。その背景には臨海副都心地域の4分の1を占める未処分地を開発し、臨海部全体の「活性化」を図りたいという狙いがあります。2018年度委託調査報告書では、IR・カジノを「オリ・パラ大会後の経済成長の起爆剤」と位置づけ、2019年10月都知事に提案された「東京ベイエリアビジョン」では、青海地区を中心として臨海部をIR・カジノの候補地としています。

　一方国は、安倍政権が2016年12月にIR・カジノ推進法を、2018

年7月には同法具体化のためのIR・カジノ整備法を強行成立させました。2020年春には誘致申請の詳細や申請期間（2021年1〜7月）を正式発表する予定です。安倍首相はカジノをアベノミクス成長戦略の目玉に位置づけていますが、米国カジノ最大手の意を受けたトランプ大統領からも要請を受けていたことを、アメリカの一部メディアが報じています。都知事選を控え、カジノ誘致を巡って政権中枢と小池都知事の間での政治的取引も危惧されます。

　カジノは、ほかのあらゆるギャンブルに比べても賭博性が強く弊害の大きいものです。依存症、生活破たん・家庭崩壊、犯罪の温床、周辺地域の荒廃化など実態に詳しい識者が指摘するところです。また人の犠牲のうえに成り立つ経済などありえません。今通常国会にはIR廃止法案が、野党共同で提案されています。誘致に名乗りを上げている大阪や横浜など全国との連携を強め、広範な都民世論を結集して国や都のカジノを断念させねばなりません。

●臨海部を都民の手に

　選手村土地投げ売り是正、IR・カジノ誘致阻止、これら2課題を7月の都知事選の主要な争点に押し上げる必要があります。争点化させることによって都知事選勝利の展望が開けてきますし、また都知事選勝利こそが2課題の解決を確実なものにします。

　また晴海大規模再開発やIR・カジノ誘致は、臨海部や東京への一極集中を加速させ、その弊害を深刻化させます。一極集中→弊害の増大→弊害「克服」のためのインフラ新規投資→さらなる一極集中──の連鎖を断ち切らねばなりません。したがって今後の臨海部開発は一極集中是正、新規大規模投資から維持補修への転換や防災・環境を重視し進めていく必要があります。

密集市街地の防災まちづくり

●不燃化10年プロジェクト

　密集市街地の整備は、1995年の阪神・淡路大震災での市街地大火を教訓として、1997年に密集市街地における防災街区の整備の促進に関する法律（以下「密集法」）が制定され、その後も改正により制度が強化されてきました。また、2001年には内閣総理大臣が本部長を務める都市再生本部が、都市再生プロジェクトとして密集市街地の緊急整備を打ち出されるなど、大きな政策課題として対策が講じられてきました。

　東京都では、「防災都市づくり推進計画」（1995年策定、2010年改定）を策定し、特に危険度の高い約7,000haを整備地域に定めて、建物の不燃化や延焼を防ぐ道路の整備など対策を進めてきました。しかし、2010年度における都市計画道路の整備率はおおむね5割にとどまり、「不燃領域率」の改善は当初の目標通りには進みませんでした。

　そのようななかで東日本大震災が発生し、切迫する首都直下地震に備えるべく、2011年に「木造地域不燃化10年プロジェクト（以下「不燃化PJ」）」を策定しました。これは従来の計画を5年前倒しするものであり、「10年後（2020年）の目標」として次の2つを掲げました。

- 整備地域において市街地の不燃化により延焼による焼失ゼロ（不燃領域率70%）を実現
- 延焼遮断帯となる主要な都市計画道路を100%整備

　不燃化PJでは、重点的に整備する地域を「不燃化特区（不燃化推進特定整備地区）」に指定し、さまざまな施策を講じることとしています。不

図表3-8-1 「特定整備路線」の用地取得進捗状況（2019年3月末現在）

事業名	事業箇所	事業区間	延長	事業認可	用地取得率	備考
補助第26号線	大山中央	板橋区大山町	375m	2015年2月24日	19%	※1
補助第29号線	戸越公園駅周辺	品川区戸越五丁目〜豊町六丁目	460m	2015年2月6日	8%	※1
補助第46号線	目黒本町	目黒区目黒本町五丁目	510m	2009年9月2日	96%	
	原町・洗足	目黒区目黒本町五丁目〜洗足一丁目	550m	2015年2月6日	34%	
補助第86号線	志茂	北区志茂一丁目	620m	2015年2月6日	22%	
補助第120号線	鐘ケ淵II期	墨田区墨田二丁目〜墨田三丁目	530m	2014年3月24日	42%	

※1　用地取得事務の一部を、（公財）東京都都市づくり公社へ委託。
※2　用地取得率は小数点以下四捨五入。
出所：東京都都市整備局「2.特定整備路線の整備」ホームページより。

燃化特区制度は2013年3月から始まり、先行12地区が対象となったのちに、順次追加され、2015年4月1日付の13地区指定で合計52地区、約2,940ヘクタールへ広げられました（2016年に1地区追加され、2020年3月現在合計53地区）。

　木造建物の自然更新により不燃化は進みつつありますが、目標としている期限の2021年3月末まで、残り約1年と迫っているなかで、目標の達成は厳しい状況です。特に、不燃化PJでは、震災時等における市街地の火災の延焼を防ぎ、避難や救援活動の空間ともなる防災上効果の高い東京都施行の都市計画道路として指定した「特定整備路線」の用地取得進捗状況は、**図表3-8-1**の通りです。

　この不燃化PJの進捗状況は、面的に開発をしたところや不燃化PJが始まる前からじっくり木造密集地域改善に取り組んでいた箇所をのぞいて進んでいないといえます。もともと5年前倒しをした厳しい期間設定であったこともありますが、防災という切り口だけで、住民

の住まいや店舗を建替えたり移転したりする判断を迫ることに無理がある事業でした。木造密集住宅市街地の改善の原点は、生活再建と住まいの改善と併せて、道路や公園などのインフラである公共施設の整備を一体として進めることです。その改善を大規模な再開発事業ではなく、小規模な改善事業を住民の生活要求に対応しながら、地域で継続的に更新していくという改善シナリオが必要です。

●事前復興まちづくり

この数十年、密集市街地の防災まちづくりにより、少しずつ安全なまちに整備されつつありますが、一方で、東京が首都直下地震に襲われた際には、決して被害をゼロにすることはできません。リスクゼロのまちをめざすのではなく、被害が生じることを受け入れつつ、そこからの復旧・復興をスムーズに進めることを目的とした復興模擬訓練が東京都内で展開されています。

1996年に東京都都市復興マニュアルは「地域協働復興」を示し、都内の各地区で行政と地域住民の協働により、復興模擬訓練が2019年3月末までに53地区で実施されてきました。2019年度は港区の1地区で実施されています。

阪神・淡路大震災では、被災前のまちづくりの取り組みが、被災後の復興まちづくりを推進するうえで有効であったことが明らかにされています。その経験を踏まえて、平時から復興のシナリオと目標像を検討することが重要です。

さらに、その目標像の実現に向けて、大地震の発生前からできる限り被害を抑えるための整備を進めていくための「事前復興まちづくり」の取り組みが始まっています。

私たちの所属する早稲田大学都市・地域研究所では、2006年度から2013年度にかけて、新宿区と、地域住民で構成される町会連合会と地区協議会との協働により実施されてきた計6地区の復興模擬訓練の企画および運営支援に関わってきました。また、2010年度より、

各地区の復興模擬訓練の実施後に、発災前に復興まちづくりの体制を整え、地域の文脈に基づいて災害復興の目標像を検討し、部分的にでも計画を実行に移すことを目的としたワークショップを実施しました。

　ワークショップでは、道路拡幅だけでなく、生活利便施設・福祉施設・コミュニティ施設などを併設した複数の共同建替えが連鎖的に整備されるイメージが検討されました。その結果、幅員6mの道路が、コミュニティの軸として整備されたイメージが描かれ、まちの目標像として参加者である地域住民の間で共有されました。

　2014年度以降も新宿区では3地区で、復興時の目標イメージを地域で合意し、復興を見据えながら、今なすべき対策をハードとソフトの両面で進めています。

　葛飾区堀切地区では、復興模擬訓練で共有した復興まちづくりの目標空間イメージに描かれたもとの細街路の線形を、密集市街地整備事業の道路整備に反映させ、地区計画もそれに対応させています。

　一方で、こうした活動を行ってきた地区でも、生活環境軸を具体的に形成していくことや、老朽建物の共同化事業などを公的に位置づけた、まちづくり事業として移行していくことはできていません。

●連続復興の取り組みへ

　東京都ではこれまで、不燃化PJをはじめとした都市整備と復興訓練などの事前復興まちづくりの取り組みはバラバラに進められてきました。特に、住まいと生活の場での事前のまちづくりの重要性は増すばかりですが、想定される災害の規模に比べ、実施されている事前の取り組みは極めて不十分です。いくつかの地区で試行が始まり、方向性が見えてきたという段階です。

　不燃化PJの終了後、一定の整備が進められた密集市街地のまちづくりの展開として、それまでの不燃化促進のためのハード整備と、首都直下地震を想定した事前復興まちづくりを両輪で取り組む必要が

あります。事前復興まちづくりを通じて、現状から整備が進んだ場合のイメージを目標像として検討することにより、災害発生後の復興まちづくりにおいて、平時の計画理念を継承し、防災道路を生活環境軸として整備することができます。そして、そのイメージを平時のまちづくりの目標像としても想起することができれば、密集市街地の課題である地域の協議会や関係権利者との目標像の合意形成を推進することができるのです。

　事前復興の本来の意味である「事前に被災とその後の復興まちづくりを想定し、その取り組みを今から始める」ことと、被災を挟んで事前から事後への「連続復興まちづくり」に展開することで、被害のすべては防げないが、少なくとも事後の復興はスムーズに進めることができます。

　しかし、これらの取り組みは被災が想定される地域全体から見ればわずかであって、被災が高い確率で想定される「明日の被災地」での対応が未着手の地域は膨大に広がっています。これまで通り粛々と進めるだけではなく、想定される被災に早急に間に合わせるべく、事前復興の取り組みを全面展開することが必要です。

第**4**章

社会保障

◉社会保障の視点から、都政を捉えた場合、どのような課題と政策が必要になるのだろうか。現代社会において、自治体が果たすべき役割の基本中の基本とされる「住民福祉の増進」が持つ意義は高い。ここでいう福祉は、狭く捉えるのではなく、広義に理解すべきである。

◉その住民福祉について、本章では「すべての都民の生活保障を行う都政」という角度から、個別テーマについて概説している。

◉医療、介護、保育、住宅、社会福祉・生活保護、障がい福祉、若者雇用、ジェンダー平等を取り上げた。

◉公式発言として小池知事は、都政の役割として「都民福祉の増進」を明言したことはない。社会保障全般に今の都政問題は、直面していることから、目を背けることはできない。

① 都立病院の地方独立行政法人化は都民にとって有益か

　この原稿を執筆している現在、新型コロナウイルスの感染が世界的な規模で生じています。そのなかで注目を集めているのが、感染者の受入れ先である都立病院・公社病院です。

　感染症指定医療機関（2019年4月1日現在）は、全国で第一種対応55病院（103床）、第二種対応（感染症病床のみ）351病院（1,758床）があり、そのうち東京都では第一種対応3病院6床、第二種対応4病院74床です。東京都の指定医療機関の病院・病床の約7割は都立病院・公社病院が担っています。この事実が、今回の新型コロナ問題と都政の役割を考えるうえで重要なことを教えています。

　都立病院と公社病院は、新型コロナの重症者患者の治療に大きな役割を占めています。都民の生命を守る都立病院・公社病院が今、運営をめぐって大きな岐路に立たされています。

●都立病院の地方独立行政法人化

　都立病院の地方独立行政法人化については2018年から委員会等で検討されてきましたが、2019年12月3日、小池知事が議会において、都立病院渡航者病院の14病院を「東京医療機構（仮称）」の地方独立行政法人にすることを表明しました。

　これまでの経過では、公社病院を地方独立行政法人化することは、どこにも都政の公文書には出てきません。

　しかし、小池知事の表明ののち、2019年12月に「新たな病院運営改革ビジョン（素案）」が病院経営本部より公表されました。この報告書では、東京都保健医療公社と統合し、都立病院を地方独立行政法

人化するとしています。

●都立病院と感染症医療（公的機能としての行政的医療）

　東京都で感染症医療を都立病院が中心となって担っているのには、理由があります。

　都立病院の歴史は古く、伝染病の流行とその対応のなかから登場してきます。駒込病院や荏原病院（現在は公社移管）は19世紀後半以降、「避病院」として登場してきました。

　それが美濃部都政時代に、高水準の総合診療機能を都民に提供する医療機関として再編され、感染症医療等の役割に加え、新たに神経病院を代表とする特殊専門医療を担う病院もつくられました。

　東京都が独自に使用する「行政的医療」という言葉は、歴史的系譜のなかで都立病院の役割を規定するために、1980年から登場したものです。

　鈴木都政下で東京都保健医療公社が設立され、都立病院と役割を分担し、地域医療を担ってきました。青島都政までは、老朽化した小規模病産院の廃院にとどまっていましたが、都立病院の縮小・再編成が大々的に行われたのは石原都政でした。2016年度には都立病院は8病院にまで縮小・再編成されました。

●公的機能と地方独立行政法人化による経営基盤の強化の両立は成り立つのか

　「都立病院の赤字」として騒がれる一般会計からの繰入金は、赤字補填として行われているのではありません。地方公営企業法に基づき、行政的医療などの不採算医療を確保するために繰入れられているのです。このことは東京都も認めていることですが、都議会やメディアの一部では「赤字」と強調されています。こうした「赤字」論は、都民の生命を守るうえで、有害な論説といえます。

　一般会計からの繰入金を減らすことは、「行政的医療」の役割を小さくしていくことにつながります。

そこで、10年前に地方独立行政法人化された「東京都健康長寿医療センター」を参考に、現状を見てみましょう。

　旧養育院が所管していた2つの病院のうちの1つが、2009年4月に「地方独立行政法人・東京都健康長寿医療センター」になりました。移管後10年経った病院の運営に関して、「公的機能と経営基盤の強化という両立ができているのか」については、東京都の地方独立行政法人化を打ち出した「新たな病院運営改革ビジョン」（2019年12月）では、その分析を行っていないばかりか、触れてもいません。

　そこで、10年間の健康長寿医療センターについて調査をした「地方独立行政法人の社会科学による検証」（2020年）を参考に財政状況を見てみると、医業収益が69.6%であるのに対して、医業費用支出は75%（2018年度）と、2012年度を除いて本業では「赤字」が続いています。

　それを補うのが、東京都から支出される「運営費負担金」「運営費交付金」（どちらも東京都一般会計の支出金）になります。

　「運営費負担金」は、義務的な経費として「特定財源」の役割がありますが、「運営費交付金」は「一般財源」であり、自由度が高いため、交付された金額内の操作ができる仕組みになっています。

　実際、地方独立行政法人化された「健康長寿医療センター」の10年間の運営費負担金・運営費交付金の総額の推移を見ると、新規建設費への助成を除くと運営費交付金は年々減少しています。

　「運営費交付金」が減額された「健康長寿医療センター」は、人件費や経費の伸びを低く抑え支出を減らす、医業外収入（差額ベッド等）を増やすといった、都民・患者・職員に負担を転嫁するかたちの対応をとっています。

　つまり、都立病院と公社病院を地方独立行政法人化すると、運営費負担金部分は東京都の繰入金として大部分が残るとしても、「運営費交付金」に振り分けられた財源は、年々、減少することが予測されます。都立病院の「行政としての医療」を保障してきた「400億円」（繰

入金）が削除されると、それを埋め合わせするためには、看護師等の給与の引き下げと、高額な差額ベッドの増設や入院費前払い制度等の導入が図られるといえます。

●都立病院だけではない医療経営の難しさ

全日本病院協会等「病院経営定期調査」(2019年度)を参考にすると、医業利益だけでは赤字である病院が4割を超え、病院経営は非常に厳しい状況にあると報告されています。黒字病院の特徴は、収益増(補助金等の確保)に加えて、給与費、設備関係費、経費などの費用の伸びを低く抑えている病院と指摘しています。

民間病院は経営を維持するために、不採算な診療科やベットを状況に応じて削減したり(小児科や産科はその対象となりました)、機能転換(病院経営から医療・福祉の複合体へ)を行うことで政策変化へ対応してきた歴史があります。

加えて大都市特有の問題として人件費が他都市よりも高く、医療人材の数も人口比で見ると他都市より不足しているため、看護師を中心に人材確保の競争は熾烈な状況にあります。単純な人件費の削減によって、人材が他の病院に流失し、病院の運営に支障をきたすことも考えられます。

●都立病院の地方独立行政法人化は都民の利益とならない

都立病院・公社病院の地方独立行政法人化は、経営を優先させた病院運営へと都立病院を変質させる危険性を孕んでいます。

都立病院の歴史は、都民の医療ニーズとともにつくられてきた歴史でもあります。私たちの健康と生活、そして安全に関わりの深い都立病院の役割はますます重要となっています。

東京の介護問題と国による介護費用抑制問題

2

●東京都における介護問題

「第7期東京都高齢者保健福祉計画」によると、2015年国勢調査では、東京都高齢者人口・約301万人、高齢化率・22.7%でした。2040年では394万人に増えて、高齢化率も35.5%になると推計されています。このように、東京都においても「高齢化」は進行していきます。

したがって、それに伴って増加することが予想される「老老介護」「認知症高齢者への対応」「医療を必要とする高齢者の増加」に加えて、東京都では「単身女性高齢者の増加」に対する施策も充実させていく必要があります。

●「保険者機能強化推進交付金」は、介護費抑制の自治体間競争か?

これらの問題の解決のために期待されているのが、2011年の介護保険法の改正以来、本格的に構築が進められてきた「地域包括ケアシステム」です。

それでは、東京都において地域包括ケアシステムは、他の道府県と比較して、どの程度整備されてきているのでしょうか。全国比較が可能であるという点から、「保険者機能強化推進交付金」を取り上げたいと思います。

「保険者機能強化推進交付金」とは、自治体が自立支援・重度化防止に向けての取組を国が財政支援をするために、2018年度に創設されたものです。自治体の取組をいくつかの指標で評価をして、200億円を都道府県分と市町村分に交付します。

この制度は、「経済財政運営と改革の基本方針(以下「骨太の方針」)」

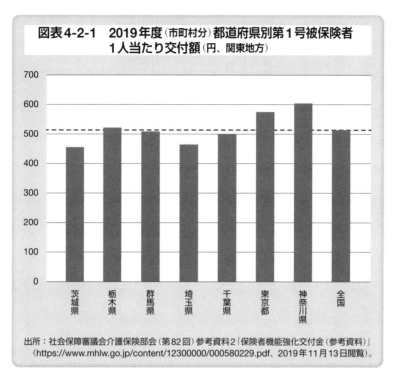

図表4-2-1　2019年度（市町村分）都道府県別第1号被保険者 1人当たり交付額（円、関東地方）

出所：社会保障審議会介護保険部会（第82回）参考資料2「保険者機能強化交付金（参考資料）」（https://www.mhlw.go.jp/content/12300000/000580229.pdf、2019年11月13日閲覧）。

に基づき、設けられました。

「骨太の方針2015」では、「歳出改革等の考え方・アプローチ」の1つとして、「公共サービスの無駄をなくし、質を改善していくために」「インセンティブ改革」をあげています。

そして「骨太の方針2016」では、次のように踏み込みました。

「保険者機能の強化、市町村による高齢者の自立支援・介護予防等を通じた給付の適正化に向けた取組へのインセンティブ付け等に係る制度的枠組み等について検討し、本年末までに結論を得る」

2017年に成立した「地域包括ケアシステムの強化のための介護保険等の一部を改正する法律」には、自治体に財政的インセンティブを付与する規定が盛り込まれたのです。

その具体化が、2018年度の「保険者機能強化推進交付金」となります。

したがって、この交付金は、単に地域包括ケアシステムを改善するためだけではなく、「給付の適正化に向けた取組へのインセンティブ」のためですから、介護費用を抑制するためという一面を有しているのです。

2019年度の交付の配点における市町村分の指標は、

- PDCAサイクルの活用による保険者機能の強化に向けた体制等の構築（80点満点）
- 自立支援、重度化防止等に資する施策の推進（529点満点）
- 介護保険運営の安定化に資する施策の推進（83点満点）

となっています。

●1人当たりの交付額比較

2019年度の市町村分について、都道府県別の第1号被保険者1人当たり交付額（65歳以上高齢者）を比較してみましょう（**図表4-2-1**）。

東京都は1人当たり575円になりました。全国（514円）と比較すると61円高くなっています。

また、隣県との比較では、神奈川県の604円（全国1位）が目を引きますが、千葉県（500円）や埼玉県（465円）は全国平均以下です。順位で見ても、東京都は8位と優秀な結果を得ています。

ちなみに、2019年度の都道府県分について評価結果を見てみると、東京都は657点（741点満点、市町村分と配点が若干異なります）と、全国5位でさらに優秀です。それでは、この結果を受け、安心してよいのでしょうか。この交付金のマイナスの側面にも目を向けてみましょう。

厚生労働省は「保険者機能強化推進交付金」による効果として、和光市や大分県における「要介護認定率の低下」による「保険料上昇の抑制」を取り上げています。

三原岳氏は「『治る』介護、介護保険の『卒業』は可能か」のなかで、「財政的インセンティブが絡めば、優遇措置目当ての自治体が要介護

度の改善を目指して必要以上に介入する危険性」を指摘しています。

　そのような危険性を、介護改革運動において察知するためには、「保険者機能強化推進交付金」の評価結果について、十分に吟味することが必要です。しかし、2018、2019年度ともに、結果の公表は都道府県別にとどまっており、区市町村の保険者別の公表はされていません。

　浅川澄一氏は「介護予防を自治体に促すインセンティブ交付金が『見える化』されない謎」のなかで、厚労省老健局介護保険計画課の「物議をかもすようなことはしたくない。自治体が独自に公表することは妨げてない」とする非公表の姿勢を紹介しています。

●問われる「保険者機能強化推進交付金」の改革

　当面の課題として、「保険者機能強化推進交付金」をめぐって、自治体が要介護度の改善に偏重し、不適切な利用抑制に陥らないようにすることがあげられます。そして、要介護度の改善に偏重しているかどうかは、「要介護状態の維持改善の状況等」の得点が高いのに、それ以外の評価指標が低くなっていれば、発見することができます。

　そのためにも、東京都や区市町村に対して「保険者機能強化推進交付金」の評価結果の公表を求め、全ての自治体について市民がチェックできるようにしていく必要があるのです。

3 保育の質改善と待機児ゼロ実現へ東京都の役割

●保育料無償化で起きた格差や保育の質への懸念

　2019年10月に、消費税増税とともに、保育料無償化が始まりました。保育園に通う3〜5歳児は、10月の無償化以降、多摩地域の自治体の多くで食材費を支払うことになりました。

　一方、区部では食材費を別に支払う必要がない自治体が多数となっています。

　東京都は1970年頃から、保育園給食の主食費分の費用を負担してきました。保育園の子どもたちに完全給食の実施を求める都民の声に応えたものでした。このような背景からも、給食食材費を徴収している自治体について、一律無料化に向けた東京都の役割が求められています。

　次に認可外保育施設に関してです。認可外保育施設は、運営する際の基準に「指導監督基準」があります。

　死亡事故など重大な事故が起きる率は、認可外保育施設に圧倒的に多く、事故防止の観点からも「指導監督基準」を最低守ることは非常に重要です。

　指導監督基準を満たさない施設が多数あり、都の繰り返しの指導にもかかわらず、死亡事故が起きた認可外保育施設があります。

　事故によりお子さんを亡くした保護者は、「繰り返し指導を受けていた施設と知っていたら預けなかった」といいます。

　情報提供の不十分さも問題ですが、認可外保育施設の認可化を積極的に進めるとともに、問題のある施設の存在を認めないよう、さら

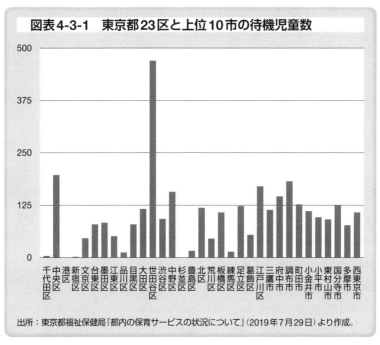

図表4-3-1　東京都23区と上位10市の待機児童数

縦軸：500、375、250、125、0

横軸：千代田区　中央区　港区　新宿区　文京区　台東区　墨田区　江東区　品川区　目黒区　大田区　世田谷区　渋谷区　中野区　杉並区　豊島区　北区　荒川区　板橋区　練馬区　足立区　葛飾区　江戸川区　三鷹市　府中市　調布市　町田市　小金井市　小平市　東村山市　国分寺市　多摩市　西東京市

出所：東京都福祉保健局『都内の保育サービスの状況について』(2019年7月29日)より作成。

なる指導体制の強化が求められます。

●待機児童問題

　「都内の保育サービスの状況について」によると、2019年4月1日現在の待機児童数は「3,690人」と前年より1,724人減ったとのことです。待機児童数が多い区市町村として世田谷区、中央区、調布市をあげています。

　しかし、「特定園のみ希望」や「育児休業中」を理由に、待機児童数から外されている子どもたちが数多くいます。これらの子どもたちも保育の必要性が認められ、認定も受けています。都や自治体は、保育が必要な子どもたちを保育する責任を果たさなければ、「『待機児童』は死語に」（東京ビジョン）はならないのではないでしょうか。

●保育サービスと保育ニーズの不一致

　「東京都保育ニーズ実態調査」は、「利用を希望していた教育・保育

サービスの種類」を質問しています。「認可保育所（公立）」が一番多く、「認可保育所（私立）」「幼稚園」の順となっています。

　一方で、認可保育所の設置者を調べると多いのが37%で社会福祉法人、次いで30%で営利法人、そして28%が市区町村となっています。市区町村の設置した保育所のなかには運営業務委託として社会福祉法人や営利法人が運営をしている保育所もあるので公立直営の施設は28%よりもさらに少なくなります。

　いまの保育サービスの整備状況は保育ニーズとだいぶかけ離れた状況です。「多様な子育て施設の存在」よりも保育ニーズにあわせた施設の設置こそ重要でニーズに反した公立保育所の民営化は進めるべきではないでしょう。民営化に力を注ぐのではなく、隠れ待機児も含む待機児童の解消に全力をあげるべきです。

●保育士不足が深刻な状況の東京都

　待機児童解消のために、1人でも多くのお子さんを預かりたいのですが、保育士が足りないため、定員いっぱいまで預かれない事例が報告されています。

　保育現場からは「病欠や産休に入った保育士の代わりが見つからない」との声が続々と届いています。保育士の有効求人倍率をみると、2019年1月に、全国が3.64倍ですが、東京都では6.71倍にもなっています。

　ただでさえ責任の重い保育士の仕事ですが、保育士が不足するなかで一人ひとりの負担はさらに増し、「休憩が取れない」「時間内に仕事が終わらない」との声もあがっています。

　また、全産業と保育士の給与月額の差は2017年で10.4万円ということです。過酷な労働でしかも低賃金の保育士は『平成30年度東京都保育士実態調査報告書』によると、保育士の就業年数（1箇所最長）は2〜3年が最も多く31.5%、次いで1年以下29.8%となっており、合わせると60%以上を占めています。

では、どこを改善して欲しいと保育士は望んでいるのでしょう。改善希望事項で最も多い回答は「賞与・給与等の改善」です。次いで「職員数の増員」「事務・雑務の軽減」と続いています。

これらの大幅な改善がなければ保育士不足は解消されません。東京都はかつて給与の「公私格差是正制度」や職員配置の「都基準」を設け、保育現場の要求に応え水準の引き上げを積極的に行いました。保育士不足が深刻な今こそ抜本的な制度の見直しが必要なのではないでしょうか。

●子どもを第一に見据えた保育へ転換を

4割の保育園に園庭がないとの報告があります。鉄道の高架下の保育園も増えています。突然閉鎖された保育施設、職員の一斉退職も起きています。東京都の保育政策により、窓がなくても「保育室」にできます。公立保育園の民営化や業務委託も進んでいます。

保育の実施主体は市区町村ですが、都の積極的な姿勢が重要です。

第1には、全ての保育施設の抜本的な基準改善、第2には、東京都の財政力を活かし、区市町村および家計への負担軽減策が、緊急の課題です。

子どもを第1に見据え、現場・都民の声を真摯に受け止め、応える都政こそが求められています。

社会保障としての住宅政策・地域居住政策の実現を

●貧困居住が集積する巨大都市東京 —— 住宅困窮に苦しむ人々

　巨大都市東京において、"住まいは人権"の理念を据え、誰もが人間らしい住まいを確保することが、東京の住宅政策の目的です。住宅政策を重点課題として位置づけ、住宅政策の根幹である社会保障としての住宅・居住政策を一層充実させなければなりません。

　図表4-4-1は、居住支援協議会の相談窓口に来られた高齢者等の相談理由です。ここには生活保護基準以下の低年金や無年金を含めた低所得の人々がおり、女性高齢者が、夫や家族を失い一人暮らしになって窮乏化しているのがわかります。

　単身・低所得・認知症等の疾病がある高齢者の住宅は圧倒的に不足しており、その象徴が2009年3月の群馬県渋川市の無届施設「静養ホームたまゆら」の火災でした。問題は死亡した10人中6人が墨田区、1人が三鷹市で生活保護を受給していたことです。

　高齢者ばかりではなく、増加する不安定雇用にある若者も、安定した住宅を確保するのは困難です。親の傘に入れるうちはよいのですが、親の高齢化に伴い安定した居住の場を失います。

　最も厳しい状況にある路上生活者は、2002年に「ホームレスの自立の支援等に関する特別措置法」が導入され減少しました。しかし、路上生活者は減少したものの、「隠れたホームレス」といわれる人々が増えています。屋根はあっても住まいではないところに住む人々で、彼らはその日の収入に応じてネットカフェ、24時間喫茶店、サウナ、簡易宿泊所等で過ごし、時には路上で寝起きするのです。

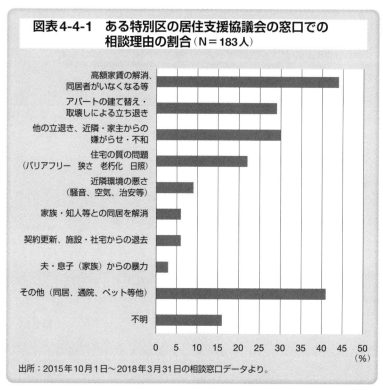

図表4-4-1　ある特別区の居住支援協議会の窓口での
相談理由の割合（Ｎ＝183人）

相談理由	割合
高額家賃の解消、同居者がいなくなる等	
アパートの建て替え・取壊しによる立ち退き	
他の立退き、近隣・家主からの嫌がらせ・不和	
住宅の質の問題（バリアフリー　狭さ　老朽化　日照）	
近隣環境の悪さ（騒音、空気、治安等）	
家族・知人等との同居を解消	
契約更新、施設・社宅からの退去	
夫・息子（家族）からの暴力	
その他（同居、通院、ペット等他）	
不明	

0　5　10　15　20　25　30　35　40　45　50
(％)

出所：2015年10月1日〜2018年3月31日の相談窓口データより。

　東京都は、2016〜2017年に「ネットカフェ難民」の実態調査を行っています。また、「即入居」「保証人、初期費用不要」等の理由で、不安定雇用にある人々が利用しやすいことにつけこんだ「貧困ビジネス」の１つが、建築基準法等に違反する低質シェアハウス（脱法ハウス）です。

　「ネットカフェ」も「脱法ハウス」も、質のよい低家賃「住宅」がない限り減ることはありません。

●東京都の住宅・居住政策の枠組み —— 住宅政策本部の設置

　東京都は、2004年に石原都政の行政改革の一環として住宅局を廃止して都市整備局に統合し、市場主義による住宅政策へと国の住宅政策と連動して本格的に転換しました。

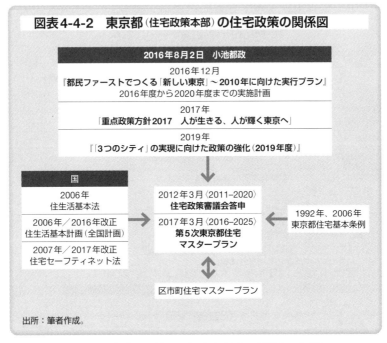

図表4-4-2　東京都（住宅政策本部）の住宅政策の関係図

2016年8月2日　小池都政

2016年12月
『都民ファーストでつくる「新しい東京」〜2010年に向けた実行プラン』
2016年度から2020年度までの実施計画

2017年
「重点政策方針2017　人が生きる、人が輝く東京へ」

2019年
『「3つのシティ」の実現に向けた政策の強化（2019年度）』

国

2006年
住生活基本法

2006年／2016年改正
住生活基本計画（全国計画）

2007年／2017年改正
住宅セーフティネット法

2012年3月〈2011–2020〉
住宅政策審議会答申

2017年3月〈2016–2025〉
**第5次東京都住宅
マスタープラン**

1992年、2006年
東京都住宅基本条例

区市町住宅マスタープラン

出所：筆者作成。

　その後、住宅困窮者の増加、少子高齢化の進展、分譲マンションの老朽化、空き家の増加、首都直下型地震への備え等の課題が山積し、「効率的かつ効果的な執行体制」として、2019年4月に「住宅政策本部」が設置されました。その性格は住宅経営的観点での再編です。

●住宅セーフティネットとしての都営住宅

　都営住宅のストック数は約26万戸です。2000年度以降「都営住宅の総戸数抑制」により新規建設はなく、築50年を経た団地の建替えが毎年4,000戸程度のみとなっています。募集は空き家住戸だけとなり、応募倍率は一般世帯向け住宅では42.6倍（2018年度）と異常な高倍率です。良質な低家賃住宅を多くの人々が求めているのです。

　都営住宅の戸数を増やさない限り、都営住宅はスティグマ（差別の対象）化し、人々を選別し、住み続ける権利や人権を脅かすような対策をとらざるを得ないところに陥ります。

大都市東京にこそ必要な公営住宅です。都民の要求に根ざした都営住宅を確保することが、東京都がなすべき第一の課題です。

●都営住宅の再編跡地を狙った開発の推進

都営住宅の建替えは、「創出した用地」に、福祉インフラの提供の他に、民間資本に道を開くための「有効活用」に狙いがあります。

すでに完成した港区南青山三丁目開発を典型として、北青山三丁目、桐ヶ丘、高砂、長房等々の地区があげられています。再開発をしたとしても、都営住宅居住者の高齢化の進展に対応して居住者の要求に基づく改善を抜本的に行うことが求められます。

●家賃助成・住宅関連費等の軽減 ── 東京都の役割は大きい

東京都は家賃相場が全国で最も高く、誰もが適切な住宅に住むことを可能にするためには、「家賃補助や住宅関連費等の支援」が必須です。東京都の企業の住宅手当は半数程度で実施されていますが、次第に減少しており、非正規雇用者には支給されません。その点でも公的家賃補助の実現が求められます。

東京都および特別区には、家賃補助の経験があります。バブル期に特別区が定住化対策として実施し、東京都も福祉局で1991年度から「高齢者等住み替え家賃助成」を導入し、23区すべてで実施されました。しかし、石原都政により2005年度に廃止され、それに伴い多くの区が減額したり、廃止しています。

近年、東京各地で大開発と老朽民間賃貸住宅の建て替えが行われ、改めて家賃補助等が課題になっています。2019年4月末現在で、12区が家賃助成を行い、8区で立退き家賃助成を実施しています。新宿区では学生・勤労単身者も対象にしてきました（2019年度まで）。目黒区は長年家賃助成を実施してきました。高齢者家賃助成は、安否確認等と合わせて行う必要があると、住宅政策審議会から指摘されています。

家賃補助は、基礎自治体ではばらつきがあり、本来国が居住権保

障として制度化すべきですが、まずは東京都が都営住宅を補完する
ものとして実施し、実績をつくることが必要です。

●社会保障から見た住宅の防災対・分譲マンション・空き家対策

貧困居住・貧困住宅を解消することは、防災対策、分譲マンショ
ンの老朽化対策、および空き家対策にとっても重要です。これらの問
題に共通しているのは、住宅の持続可能な維持管理対策が十分に行
われてこなかったツケが回ってきたことでしょう。

低所得の高齢者や若者等の住宅困窮者が居住する低質住宅を解消
することで、地震等の災害被災者を減少させ、分譲マンションの適切
な維持管理を推進することにより、健全な分譲マンションの建物と
コミュニティが持続することができるのです。

●誰もが人間らしく住むための10の住宅政策・地域居住政策の課題

以上の検討結果とこれまでの住宅政策の研究を踏まえ、政策課題
を箇条書きにしてあげておきます。

(1) 基本理念 —— 広域自治体東京における都民の居住権保障

(2) 都営住宅等公的賃貸住宅の供給拡大と特別養護老人ホームの
拡充

(3) 都営住宅を補完する家賃補助の導入

(4) 巨大都市東京の「若者」への住宅・居住支援(低家賃住宅の供給・支
援と家賃補助)

(5) 新しい住宅セーフティネットへの提言

①登録住宅の住宅面積基準の緩和措置を廃止し、既存の民間賃
貸住宅の居住水準を引き上げる。

②住居費への家賃補助を、基礎自治体すべての登録住宅で適用
できるよう、区市町村に補助する。

③不動産業者は、都内で管理する民間賃貸住宅の1%程度を住
宅確保要配慮者が入居できる専用住宅とするための方策の
検討。

(6) 喫緊の対策耐震基準以下の既存住宅59万戸の耐震対策と分譲マンションの老朽化対策

(7) 居住者が抱えるさまざまな課題に対応した居住支援を住宅政策に位置付ける

(8) 超高齢社会における地域居住の実現

(9) 住宅に関わるブラック企業の規制強化と被害者救済

(10) 住宅政策本部の拡充——居住支援部局を設置し福祉部局、区市町村との連携強化

●住宅政策から地域居住政策へ

　超高齢社会を迎え、東京都は多くの課題を抱えていますが、小池知事の住宅政策を概観すると、石原都知事時代以来の市場主義的住宅政策を引き継ぎ、東京に集中する住宅困窮者に正面から目を向けず、都営住宅を新規に供給しないばかりか再編活用し、開発主義的住宅経営に邁進しています。このままでは貧困居住はなくならず、危険で不衛生な低質住宅は温存されるでしょう。

　人々の幸せの基盤には心地よい住まいがあります。都民の居住の権利を実現し、"生活の質の向上"の方向で住まいを改善することで、人々の高齢化、単身化、多様化が進む大都市である東京都の住宅政策を、地域コミュニティに根差した、誰もが孤立化しない地域居住政策へと転換する必要があるのです。

5 都政における社会福祉・生活保護行政の改善課題

●貧困層の増大 —— 生活保護の動向

　東京都は、貧困層が増大しています。そのため生活保護を利用する人が増えてきました。

　東京都の保護率（人口千人当たりの生活保護利用者の割合）は、2000年度に10.9‰（パーミル）、2008年度には16.9‰（平成21年度第63回被保護者全国一斉調査結果〔東京都分〕）、さらに2018年度には20.8‰（東京都福祉保健局「平成30年度福祉・衛生統計年報」）と上昇中しています。全国平均の保護率は、2019年3月の時点で16.6‰（厚生労働省の被保護者調査）ですから、東京都は平均的な道府県よりも高く、高額所得者の増大と並行して貧困層の増大が同時進行であることを示しています。

　ここでは、詳細には触れることができませんが、富裕層と貧困層の格差拡大は、新自由主義段階の大都市の特徴です。

　地域格差の拡大も顕著です。23区の保護率を見ると、周辺区の高い保護率、都心区の低い保護率の違いが一目瞭然です（ただし、保護率はあくまで「実際に生活保護を受けている人」の割合であって、「生活保護を受ける必要があるほど生活に困窮している人」の割合ではないことに注意が必要です）。

●生活保護「行財政」の国・都道府県・区市町村の役割分担

　生活保護の実施機関は、区市町村または都道府県が設置する福祉事務所です。市および東京23区は福祉事務所は必置ですが、町村は任意設置であるため（社会福祉法14条）、全国的に福祉事務所を設置している町村は少数です。東京都では、福祉事務所を設置している町村はありません。

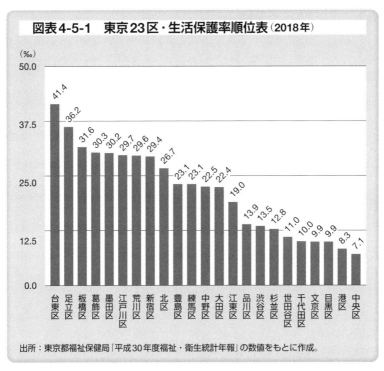

図表4-5-1　東京23区・生活保護率順位表（2018年）

（‰）

台東区	41.4
足立区	36.2
板橋区	31.6
葛飾区	30.3
墨田区	30.2
江戸川区	29.7
荒川区	29.6
新宿区	29.4
北区	26.7
豊島区	23.1
練馬区	23.1
中野区	22.5
大田区	22.4
江東区	19.0
品川区	13.9
渋谷区	13.5
杉並区	12.8
世田谷区	11.0
千代田区	10.0
文京区	9.9
目黒区	9.9
港区	8.3
中央区	7.1

出所：東京都福祉保健局「平成30年度福祉・衛生統計年報」の数値をもとに作成。

　福祉事務所を設置していない町村では、都道府県が設置する福祉事務所がその役割を担当します。東京都は、西多摩・大島・三宅・八丈・小笠原の4つの福祉事務所を設置しています。

　また、都道府県（政令指定都市）は、区市が運営している福祉事務所の生活保護行政の監査を行います（生活保護法23条）。東京都では、「福祉保健局　生活福祉部　保護課」が、その任務を担っています。

　生活保護は地方自治法2条9項1号の第一号法定受託事務（国が本来果たすべき役割に係るものであつて、国においてその適正な処理を特に確保する必要があるもの）です。生活保護者への支給額（生活保護基準）は厚生労働大臣が定めます（生活保護法8条）。また、保護費の財政負担は、国・4分の3、区市・4分の1の割合です。都道府県が設置する町村の福祉事務所の場合は、4分の1を都道府県が負担します（生活保護法73条、75条1項）。

●生活保護をめぐる問題

第1に、生活するためのお金も家もないような状態の人を、生活保護申請をさせずに追い返す「水際作戦」です。保護の申請自体を拒むことは違法です。

第2は、捕捉率が低いことです。

生活保護水準以下で生活している人のうち、実際に生活保護を受給している人の割合（捕捉率）は、収入のみで見た場合22.6%、資産要件を考慮した場合でも43.3%に止まると推計されています（2018年11月公表の厚生労働省の国民生活基礎調査に基づく推計）。

第3は、いわゆる「貧困ビジネス」問題です。

生活保護法では、居宅保護が原則で施設での保護は例外となっている（生活保護法30条）にもかかわらず、住居喪失者を保護開始した場合、劣悪な無料低額宿泊所や無届施設に収容し、その後もなかなか居宅移行させない事例が多いのが現状です。厚労省の調査では、無料低額宿泊所に入所している東京都の生活保護利用者は2018年7月末の時点で3,383人、無届施設に入所している保護利用者も2015年6月末時点で1,076人います。これらの施設は、生活保護費から高額な施設利用料を取り、保護利用者の手元に保護費がほとんど残らず、また利用料に見合わない劣悪な居住環境やサービス内容であるにもかかわらず、2017年の時点で1年以上の入所者が50.3%であり、うち3年以上の入所者も26.7%（平成30年10月17日東京都福祉保健局「見える化改革報告書」）となっています。

第4は、福祉事務所の疲弊、専門性の低下です。

福祉事務所の現業員（ケースワーカー）が足りません。社会福祉法16条が定める標準数に対して、全都で300名以上の欠員が生じています（平成28年福祉事務所人員体制調査）。経験年数も短く、専門性の低下が懸念されています。

●東京都が取り組めること

　東京都が取り組むべきことの第1は、知事が処理基準（地方自治法245条の9第2項第1号）を策定し、区市に対して①生活保護制度の広報・周知徹底や、自治体の施設に保護申請書を常備すること、②「水際作戦」等の違法行為を根絶するため、保護の相談時の相談者と職員のやりとりを録音・録画し、口頭による保護申請があった場合には調書を作成することを義務づけることが必要です。

　第2は、無料低額宿泊所問題に関する条例を制定することです。

　社会福祉法に基づく「無料低額宿泊所の設備及び運営に関する基準」が2019年8月19日に厚生労働省令として公布され、2020年4月1日から施行されることとなりました。これを受けて、各都道府県、指定都市、中核市が無料低額宿泊所に関する条例を定めることが推奨されています。

　東京都は、まだ条例を策定していません。無料低額宿泊所に関する条例によって、生活保護利用者・宿泊所入所者の権利侵害を防止することが求められています。

　続いて第3は、住居喪失者に対する保護開始から居宅移行までの間の保護を劣悪な宿泊所に依存しないですむように、良質なシェルターを設置・拡充すること、第4は、福祉事務所に対する指導監査を徹底すること、第5は、東京都にオンブズパースンを設置すること、があげられます。

　東京都の行政としてのオンブズパーソンは、都内で起きている福祉行政のすべての苦情処理を対象にします。常設型オンブズパーソン制度として、必要な調査を行い福祉事務所長に対して是正勧告や意見の表明を行う権限を持たせるようにします。

　第6は、都立病院でお金がない人も受診できる無料低額診療を実施することです。

6 東京都に期待されている障がい福祉

●激変した障がい福祉の現状

2006年の障害者自立支援法(以下「障害者総合支援法」)以降、障がいのある人たちの福祉は激変してきました。確かに自立支援法以前に比べれば、ホームヘルプサービスなどの居宅介護、グループホーム、そして障がいのある子どもたちの放課後生活を支える、放課後等デイーサービスなどは急増しました。

しかしその一方で、障がいのある人の所得保障である障害年金の水準は変わらず、生活保護水準を大きく下回る現状(2級年金で月約6万3,000円)が続いているため、生活の質と内容は貧しく厳しい状態が続いています。また福祉の分野に、「もうけ本位」な営利事業者が激増し、さまざまな問題が生じています。

しかも昨今の人手不足は、福祉分野に大きな影響を及ぼし、支援の提供が困難にならざるを得ないなどの事態も生じています。

●東京都の責任と問題点

自立支援法施行以来、東京都の責任と位置づけがきわめて曖昧になり、区市町村の格差は大きく拡大しています。具体的には、東京都が福祉支援事業者の指定権限を持ちながら、福祉の支給量等を決定し、支給を決める権限が区市町村に委ねられてしまったため、東京都の責任が曖昧になり、区市町村格差の増大につながっているのです。それによって次のような問題が生じています。

●障がい福祉の現場で起こっている問題

●区市町村の大きな格差

　たとえば、障害者総合支援法に基づいて自立支援給付の国庫支出金が支給される居宅介護を例に、1人当たりの平均月時間数で比較すると、区部では、港区の27.7時間が最も多く、次いで葛飾区の25.6時間、目黒区の25.2時間で、最も少なかったのは文京区の11.5時間でした。それに対して市部では、国立市の21.6時間が最も多く、次いで小平市の18.4時間、三鷹市の17.4時間で、最も少なかったのは調布市の8.3時間でした。その他の自立支援給付の国庫支出金が支給される福祉を比較しても、区市町村によってバラバラの水準です。

　他方、国庫支出金が支給されない区市町村事業になると、さらに格差はひろがり、たとえば通院や外出の際の移動支援では、1人当たり月額50時間利用できる自治体もあれば、月に18時間程度しか使えない自治体もあります。一般的に、この移動支援は通勤・通学には使えませんが、区部によっては通勤・通学に利用できる自治体もあります。

　このように東京都としての福祉水準が崩れて、区市町村まかせの実情に変貌してしまっています。

※東京都第8期障害者施策推進協議会第1回専門部会資料「各地域におけるサービス提供の状況」（2017年3月分実績）より

●事業者数の増大と福祉現場の変貌と「放置できない問題」

　前述したように、国レベルでもそうですが、東京都においても障がい福祉支援の事業所数は、ここ数年急増しました。**図表4-6-1**に示したように、居宅介護と、重い障がいのある人たちの自宅での介助や移動介助等にも利用できる重度訪問介護事業の事業所数が突出していますが、急増傾向では、グループホームと放課後等デイサービスの伸びが著しいです。

　しかし問題は、図表にもあるように「もうけ本位」な営利事業者の

図表4-6-1　東京都の障害福祉等事業所における営利法人数

事業種別※		総事業所数	営利法人数
障害者	特定指定計画相談支援事業	851ヵ所	239ヵ所（28.1%）
	居宅介護事業（家事援助・身体介護等）	2,560ヵ所	2,021ヵ所（78.9%）
	重度訪問介護事業	2,297ヵ所	1,856ヵ所（80.8%）
	共同生活援助事業（グループホーム）	757ヵ所	99ヵ所（13.1%）
	生活介護事業	545ヵ所	18ヵ所（3.3%）
	就労移行支援事業	344ヵ所	156ヵ所（45.3%）
	就労継続支援事業Ａ型	100ヵ所	31ヵ所（31.0%）
	就労継続支援事業Ｂ型	850ヵ所	48ヵ所（5.6%）
障害児	放課後等デイサービス事業	885ヵ所	517ヵ所（58.4%）

出所：「東京都福祉保健局web」。障害者は、指定障害福祉サービス事業所一覧（2020年2月3日現在）、障害児は、児童福祉法に基づく指定サービス事業所一覧（2020年2月24日現在）。

参入が急増していることです。これは介護保険の影響でもありますが、特にグループホームや放課後等デイサービスで問題が生じています。

　放課後等デイサービスの約58%が営利事業者となっていますが、自治体によっては8割が営利事業者というところもあります。またそうした「もうけ本位」な営利事業者の多くは、ホームページ等では、「障害のある子どもの発達を支援する」などを宣伝コピーに掲げていますが、実態は部屋のなかでDVDを見続けることや、戸外活動と称して何時間も車に閉じ込め走り回っているだけなどの事業者が出ています。また予備校などが「遊び塾」などのネーミングで、放課後等デイサービスを開設するなどまであります。

　一方、グループホームはまだ、営利事業者の割合は、それほど多くありませんが、近年急増しています。しかもそのなかには、「車いすも利用できます」と宣伝しながら、中軽度の知的・精神障がいのある人のみを選考したり、「食事は素材から調理します」といいながら、半製品加工食材や仕出し弁当を取り寄せ、配膳だけするなどの悪質な

事業者が急増しています。その多くの営利事業者の背景を探ると不動産業者が多く見られます。

すでに東京都では、30人定員という大規模なグループホーム（もはやグループホームとはいえない）において、入居者が拘束され死亡してしまうという事件（2017年）まで生じています。

事業者の指定権限は東京都にありますから、国に指定や選考の基準の抜本的な見直しを求めつつ、東京都としての責任も問われています。

●障害者権利条約の批准にふさわしい障がい施策を

日本政府は、2012年に障害者権利条約を批准しました。障害者権利条約は、障がいのない「他の者との平等を基礎」として障がいのある人の権利が保障されることを原則としています。

そうした点からも福祉の問題は重大ですが、そのほかには、発達障がい等の障がいのある子どもたちの急増に伴う特別支援学校の過密・過大校が大きな問題です。また東京都が制定した差別解消条例の普及と徹底と区市町村条例への広がりを推進することも、当面する重要な課題です。

⑦ 若者の雇用と貧困問題

首都圏青年ユニオンでは、年間400件以上の労働相談を受け、駆け込みの相談からの個別争議を毎年20件以上解決しております。そんななかで見えてくる若者の雇用および労働条件は、年々劣悪化しています。

●正社員の質の変化と劣化

青年ユニオンには、多くの若者正規労働者からの駆け込み相談が寄せられます。「ハラスメントを受け退職を迫られている」「長時間労働にも関わらず残業代が出ない」「賃金が低すぎる」というような相談に日々対応しています。

かつては日本型雇用が当たり前で、正社員職に就職できれば、終身雇用・年功賃金の下、ある程度安定的な地位にあると考えられていました。しかし、そのような日本型雇用は過去のものとなっています。終身雇用や年功賃金が約束されている日本型雇用の労働市場が急速に縮小を続けているなか（むしろほぼ崩壊しているといっていいかもしれません）、非正規雇用の増大と相まって、正社員の待遇劣化が著しく、日本型雇用における正社員像とは全くかけ離れた正規雇用が広がっているのが実情です。

正社員の待遇劣悪化の特徴の1つは、雇用の不安定化です。正社員であれば無期雇用であることで、雇用が安定しているという印象があるかもしれません。確かに、非正規雇用と比べれば相対的には安定しているといえますが、正社員＝安定という正社員像は間違っています。正社員であったとしても、長時間労働による精神疾患の発症、あ

るいは退職強要などで労働者を退職に追いやるのは容易です。ある
いは低賃金であるために生活できず、よりよい労働条件を求めて離
職・転職せざるを得ないという問題もあります。

●家計自立型非正規労働者の増大

　多くの若者は、正社員で就職しても、長時間労働や低賃金のため、
すぐに離職してしまいます。その後は、転職を繰り返し、よりよい条
件の正社員職を探し続けます。正規雇用を転々とする人もいれば、正
規雇用と非正規雇用をいったりきたりする人もいます。あるいは、ま
ともな条件の正規雇用がないために、非正規雇用から脱することがで
きず長期間非正規雇用として働く人も増えています。

　このように、若年層に非正規雇用が広がっています。非正規雇用
は低賃金であるため、生活を成り立たせるためにダブルワーク・トリ
プルワークをしているという人も多く、家計自立型非正規労働者が
増大しています。

　非正規労働者は不安定かつ低賃金であるのは周知の事実です。

　しかし、「正社員よりも非正規の方がよい」という若者も増えてい
ます。月給で管理されている正社員は労働時間が管理されておらず
残業代未払いが常態化する一方で、非正規であれば時給管理のため、
賃金未払いが発生しにくかったり、業務範囲が広範かつ不明確な正
規に比べて非正規の方が業務範囲も明確で、労働に対する対価の関
係性がわかりやすく納得感が得やすいのです。

　しかし、非正規雇用であったとしても、勤続年数が長くなると、熟
練度が上がり、なし崩し的にさまざまな業務を担わされることがあり
ます。ベテランであるがゆえに任される業務が増える一方で、賃金は
上がらないため、不満が広がりやすいのです。不十分であるとはいえ、
最低賃金が上がり続けているなかで、最低賃金付近で働く労働者が
増え、「長年働いても最低賃金」「業務が増えていくにもかかわらず、
賃金が変わらない」というような相談が増えています。

青年ユニオンの最近の相談は、非正規労働者から「賃上げがしたい」という相談が増えています。

●貧困解消のためには

貧困解消のためには抜本的な賃上げ政策が必要となります。また、最低賃金付近の労働者が増えていることから、最低賃金の大幅な引き上げの影響率が高くなっています。最低賃金の引き上げは、貧困を解消するうえでの位置づけが高くなっているといえます。

2019年12月に東京地評が最低生計費調査を発表しましたが、東京都内で標準的な生活をするのに最低時給1,642円必要であるとの試算結果が出ました（**図表4-7-1**）。

労働運動からは「最低賃金1,500円」を求める声が上がっていますが、まさにそれを裏づける結果になったといえます。また、最低生計費調査からは、住居費の負担が重いことがわかります。公営住宅の増瀬越や家賃補助制度など住宅制度の拡充は必須です。

また、正規も非正規も、雇用の流動化が激しくなっているため、若者はまともな職業訓練を受ける機会がありません。日本型雇用が縮小するにつれ、かつてのような企業内の職業訓練も同時に縮小しているためです。

職業訓練を受け、一定のスキルを身に付けることは労働者が自立して、流動化する労働市場を渡り歩くためには、特に必要です。しかし、職業訓練校の民営化などで、訓練内容の質の低下や訓練後の就職斡旋機能の低下など、職業訓練行政が蔑ろにされています。青年ユニオンの組合員でも公的職業訓練を受ける人が多くいますが、その需要は非常に高いのです。

●若者の正規・非正規、どちらも低賃金・長時間労働

若者の労働市場の大きな特徴は、正規と非正規の垣根がほぼなくなってきていることです。正規であろうが非正規であろうが、低賃金・長時間労働であることに変わりはなく、どちらも肉体的にも精神

図表4-7-1 若年単身世帯（25歳ひとり暮らしモデル） 3モデル比較表

（単位：円）

区名		北区		世田谷区		新宿区	
性別		男性	女性	男性	女性	男性	女性
消費支出		179,804	176,824	188,733	185,753	194,448	191,468
食費		44,361	35,858	44,361	35,858	44,361	35,858
住居費		57,292	57,292	65,625	65,625	76,042	76,042
水道・光熱		6,955	6,780	6,955	6,780	6,955	6,780
家具・家事用品		2,540	2,703	2,540	2,703	2,540	2,703
被服・履物		6,806	5,302	6,806	5,302	6,806	5,302
保健医療		1,009	2,885	1,009	2,885	1,009	2,885
交通・通信		12,075	12,075	12,171	12,171	6,469	6,469
教養・娯楽		25,577	25,613	25,577	25,613	25,577	25,613
その他		23,189	28,316	23,689	28,816	24,689	29,816
非消費支出		51,938	51,938	51,938	51,938	51,938	51,938
予備費		17,900	17,600	18,800	18,500	19,400	19,100
最低生計費（月額）	税抜	197,704	194,424	207,533	204,253	213,848	210,568
	税込	249,642	246,362	259,471	256,191	265,786	262,506
年額（税込）		2,995,704	2,956,344	3,113,652	3,074,292	3,189,432	3,150,072
月150時間換算		1,664	1,642	1,730	1,708	1,772	1,750
173.8時間換算		1,436	1,418	1,493	1,474	1,529	1,510
2019年最低賃金額		1,013					

出所：東京地方労働組合評議会「東京都最低生計費試算調査結果」（2019年12月18日）より作成。

的にも余裕がない、そのような状況です。多くの若者が、将来の展望を描けず、生活するというよりは、生き残ることで精一杯です。

　一方で、最低賃金が上がっていくなかで、労働に対する対価が見合っていない、搾取されている、その資本主義における根本の矛盾が労働者のなかで広く認知され始めているように思います。

　それは、潜在的な賃上げや労働者福祉制度への要求の高まりを意味しており、日本社会を抜本的に改革する労働運動や政治運動が求められているということではないでしょうか。

8 | 東京都の ジェンダー平等 政策の課題

●日本と東京におけるジェンダー差別の実態

　世界経済フォーラムによる2019年12月に発表された「ジェンダー・ギャップ指数(男女格差指数)」。153ヵ国中、日本は121位。過去最低ランクを記録し、主要7ヵ国(G7)のなかでも最下位でした。

　小池都知事は、上記順位発表を受けて、直後の2019年12月20日の記者会見で、「過去の延長線上だと世界での競争で後れを取る。日本は何もやっていないわけではないが、他国はスピード感と覚悟が違う」と発言しました。

　では、東京都はジェンダー差別の解消や性的マイノリティの権利を守るために何をしているのでしょうか。東京都のジェンダー格差の実態と課題を分析し、すべての人が性にかかわらず自分らしく生きられる東京を実現するために何が必要なのかを、考えていきます。

●働き方と経済的ジェンダー格差

　男女間賃金格差は、男性を100とした場合、女性73.4と、7割台前半が続いています(2018年厚労省「賃金構造基本統計調査」)。都では、母子世帯で年収100〜200万円未満の割合が24.2%、次いで200〜300万円未満が23.4%です(父子世帯では年収600〜800万円の割合が23.2%)(2017年度「東京都福祉保健基礎調査」)。男女の経済格差は大きく開いてます。

　その要因は多々ありますが、私は、女性管理職比率の低さ、非正規労働者の女性割合の高さ等があり、その原因として育児・介護と仕事の両立の困難性、さらにその背景には男性の長時間労働と性別役割分業意識があると考えます。

都内の事業所で管理的地位に占める女性の割合は14.5%（係長相当職25.0%、課長職以上8.6%）です（2017年度「東京都男女雇用平等参画状況調査」）。東京都における女性労働者のなかで非正規の割合は50.7%おり（男性は21.7%）、都内の非正規労働者約233万人のうち女性の割合は66.7%（内パート、アルバイトは36.1%）です（2017年「都民の就業構造」）。女性の就業率が20～30歳代で落ち込む「M字カーブ」はなくなりません。第一子の出産前後に就業を継続する割合は5割程度にとどまります（2015年国立社会保障・人口問題研究所「第15回出生動向基本調査（夫婦調査）」）。男性の育児休業取得率は16.6%と低いです（2018年度「東京都男女雇用平等参画状況調査結果報告書」）。女性のキャリアアップが進まず、女性の非正規割合が多い要因になっています。

　これらの原因は、保育所の不足等もありますが、男性の長時間労働が根本的です。特に東京都は、所定外労働時間が長い傾向にあります。そして未就学児を持つ男性の家事時間は63分、育児時間は143分であったのに対し、女性の家事時間は136分、育児時間は369分となり、それぞれ女性が男性の2倍を超えています（数値は週平均、生活文化局「男性の家事・育児参画状況実態調査〔2019年〕」）。男性が残業により多くの時間を費やす一方、女性が育児や家事に非常に多くの時間を費やす「トレードオフ」の傾向が強く、性別役割分業の実態が現われています。

　都が、2016年12月に掲げた「2020年に向けた実行プラン」や、2017年3月に策定した東京都女性活躍推進計画により、都内の企業に向けてポジティブアクションの促進や長時間労働の削減、保育所増設による待機児童の解消等に取り組む姿勢を示していることは重要ですが、効果は出ていません。

　女性の割合が多い非正規労働者の低賃金を是正するための最低賃金のさらなる引き上げ、正規化の推進など、労働・経済分野での男女格差を解消するための施策も必要です。

●性暴力、セクシュアル・ハラスメントの被害からの保護・防止

　都の配偶者暴力相談支援センター（東京ウィメンズプラザと東京都女性相談センター）に寄せられた配偶者暴力（DV）に関する相談は、年8,000〜1万件前後で推移しています。警視庁への相談件数も、2016年の6,819件から2018年の9,042件と増加しています。また、都が設置した犯罪被害者の総合相談窓口における性犯罪被害に関する相談件数は2011年度以降2,000件を超え、全体のおよそ4割を占めています。しかし、性犯罪の被害者がその被害を申告したのは2割弱にすぎません。

　さらに、婦人保護施設（都内に5ヵ所）を利用する女性が抱える問題は、DVだけでなく、性暴力・搾取、妊娠、障害、貧困、性的マイノリティ、社会的孤立など複合化されており、特に最近はJK（女子高生）ビジネスやAV（アダルトビデオ）出演強要など、若年女性の被害が増加傾向にあるとされています。しかし、これらの問題は、支援実績のないケースとして従来の女性相談所では救済しきれない限界が指摘されています（『東京民報』2020年2月23日付）。婦人保護施設の設置根拠が、女性を処罰対象とする売春防止法に置かれていることが限界の要因です。

　国は、「女性支援新法」の制定の動きを見せているようですが、都としても多様なニーズに対応できる体制を構築すべきです。

●東京都の性犯罪・性暴力問題への取り組み

　都は、「性犯罪・性暴力被害者のワンストップ支援事業」を設け、関係機関との連携の強化や、関係者に向けた実践的研修の実施等により充実を図っています。同支援事業と連携する「性暴力救援センターSARC」は24時間365日電話相談を受け付け、健康支援や法的支援をしています。私もSARCの協力弁護士の一員ですが、配偶者や同棲パートナーからの身体的・精神的暴力、同意のない性交渉等の相談が寄せられ、性暴力の被害については連携する婦人科の受診もできる体制があります。

しかし、国が、性暴力救済ワンストップ支援事業の運営費に対する補助を削減しています（『しんぶん赤旗』2019年10月27日付）。国に対して補助の拡充を求めるとともに、都としても相談体制・被害救済支援をさらに拡充することが求められます。

　また、都は、2017年3月に「東京都配偶者暴力対策基本計画」を策定し、関係機関や諸団体と連携して、予防啓発、相談体制や保護体制、ひとり親家庭への支援の拡充等を掲げています。離婚後、特にDVが原因で離婚した家庭は養育費を請求しづらく、母子家庭の貧困の要因の1つになっています。都は2020年度から、元配偶者からの養育費の受け取りを支援する制度を導入し（保証会社を利用する方法）、関連予算700万円を計上する方針だそうです（『東京新聞』2020年1月12日付）。ヨーロッパやアメリカの一部の州では行政による直接の養育費の立替え・取立て制度が確立しており、本来であれば、民間の保証会社を通さず、行政が直接養育費を確保する制度にすべきです。予算自体も少ないです。

　セクシュアル・ハラスメントに関しては、東京都男女平等参画基本条例の第2条でセクシュアル・ハラスメントの定義を明確にし、第14条であらゆる場におけるセクシュアル・ハラスメントを禁止するなど、法律より充実しています。ただ、「基本計画」では、具体的な方法には触れられていません。「就活セクハラ」や取引先からのセクハラ等、職場内に限られない、具体的なセクハラ防止対策を罰則も含めて、国の法整備をリードすることが必要だと考えます。

●セクシャルマイノリティの権利

　都内にはLGBTと呼ばれる性的マイノリティが約126万人いるとされています。都は2018年10月に「東京都オリンピック憲章にうたわれる人権尊重の理念の実現を目指す条例」を制定し、性自認および性的指向を理由とする不当な差別的取り扱いを禁止しています。

　同性カップルは法律上婚姻できないために、住宅や保険、課税、相

続等において不利益を受けています。こうした弊害を除去しようと、都内では、渋谷区、世田谷区、中野区、江戸川区、府中市で同性パートナーシップ制度が設けられていますが、東京都自体にはまだありません。パートナーシップ制度の導入には、条例や要綱の制定等、自治体によって異なる措置がとられていますが、条例を制定している渋谷区を例にすると、同性カップルだからという理由で賃貸住宅の入居や、病院での家族の面会、生命保険などが断られた場合、事業者名を公表されることがあります。世田谷区など区長が制定する要綱ではそこまではできません。東京都も、条例制定を基本に、同性パートナーシップ制度を導入すべきです。

●政治分野等でのジェンダー平等、その他

　以上のような課題に取り組むためには、多様な都民の意見を反映させる必要があり、都議会でのダイバーシティが必要です。東京都議会議員に占める女性の割合は、28.6％です（2017年12月31日時点）。全都道府県のなかでも高い割合（全国平均10.1％）ですが、まだまだです。

　都内の企業等にジェンダー平等対策を講じさせる方法として、公契約を利用することが有効です。たとえば、2018年から韓国の首都ソウル市は「ジェンダー平等契約制」を導入し、職場内でのセクハラ防止教育等対策が不十分な場合は公契約を解除することができるとの条項を入れ、公共事業の委託先企業に事実上セクハラ対策等を強制します。

　東京都にも、実効性あるジェンダー平等政策が求められています。

おわりに

　東京自治問題研究所では月刊誌『東京』において、日頃から都政の問題点を明らかにし、本来の都政に求められる政策を提言、発信してきています。2019年12月1日に「Society5.0の先陣を切る小池都政と2020都知事選挙の課題」として当研究所が開催した都政政策シンポジウムでの久保木、寺西、山本、安達各氏の報告を基調に、できるだけ多くの分野から、都政に関わる研究、運動をされている専門の皆さんに小池都政の4年間を振り返って執筆していただき、コンパクトに編集した本を出版しようということになりました。

　本書を通して、小池氏の選挙公約やスローガンと結果は相当違っていたことが浮き彫りになったと思います。2016年7月都知事選の小池氏のポスターには「都民が決める　都民と進める」と大きく書かれていました。実際には「安倍政権・経済界と決める、進める」路線であったことも明らかになったのではないでしょうか。

　石原慎太郎・猪瀬直樹・舛添要一と続いた大規模開発路線を、豊洲市場をはじめ、結果としてほぼ丸ごと受け継いだだといえる実態です。翌年の都議会議員選挙では「都民ファースト」と繰り返しましたが、今では「都民ラースト」と揶揄されているほどです。小池氏が特別顧問の「都民ファーストの会」の綱領には、「私たちが自らの名に『都民ファースト』を冠するのは、都政の第一目的は、都民の利益を最大化すること以外にないと考えるからである。一部の人間、集団の利益のために都政があってはならない」と記されています。

　「これからの都政を、小池知事はどのようにしようとしているのかを伝えたい」という思いが、編集過程でより強くなっていきました。そのため何回も書き改められた項目もあります。Society5.0や自治体戦略2040に相乗りし、安倍政権、経済界とともに、本来、都民一人ひとりのくらし、福祉、教育、雇用を支えるべき都政を、「くらし、福祉、

教育、雇用も含めて新自由主義を基調とした巨大開発」の場にしようとしていることが、この2月に発表された「スマート東京実施戦略〜東京版Society5.0の実現に向けて〜」でより鮮明になったからです。

　前々回、舛添氏が当選した都知事選挙の投票率は46.14%、前回、小池知事が誕生した選挙は59.73%の投票率と約13.6%と上昇しました。一方、年代別の推定投票率は10歳代47.58%、20歳代37.65%と、他の年代が50%〜70%台の投票率と比して低い結果となっています。しかし、この10歳代20歳代の皆さんが30歳代以降になる東京都で、本書で明らかにしていることを小池都知事は勇躍して安倍政権、経済界とタッグを組んですすめようとしているのです。今の都政が若者の将来を、より困難なものにしようとしているということを意識して対話を重視しなければなりません。高校生や大学・大学院生、若い社会人の皆さんにぜひ読んでもらいたいし、学校の教材として活用していただければたいへん嬉しく思います。

　本書では、都知事選で小池氏が掲げた選挙公約「12のゼロ」の一つひとつの検証や、重大問題である羽田空港発着便の拡大による「羽田新ルート超低空飛行問題」、まち工場や商店街を含む中小企業政策などを取り上げるところまで及びませんでした。これらの課題も実態を分析し明らかにしていくことが求められていると思います。

　最後に発行の事務局に当たった者として、各分野での研究や運動に日々奮闘されているなか、たいへんお忙しいところ執筆、編集いただきました著者、編者の皆さん、コラム原稿を執筆いただいた『都政新報』編集部、また困難な作業の伴う出版を快くお引き受けいただいた旬報社の木内洋育社長に心から感謝申し上げます。都政の数々の問題を明らかにし、その見直し・改善を求めて、諦めず粘り強く日々奮闘されている市民団体、労働組合、政党・会派そして都民の皆さんに本書を活用していただくことを願ってやみません。

［編著者紹介］

山本由美（やまもと・ゆみ）

東京自治問題研究所理事長、和光大学教授。専門は教育行政学専攻。学校統廃合と小中一貫教育を考える全国ネットワークを主催。『教育改革はアメリカの失敗を追いかける』、『学力テスト体制とは何か』（ともに花伝社、2014年、2009年）、『小中一貫・学校統廃合を止める──市民が学校を守った』（共著、新日本出版社、2019年）など。［**はじめに、第2章3**］

寺西俊一（てらにし・しゅんいち）

一橋大学名誉教授、日本環境会議理事長。専門は環境経済学・環境政策論。『東京をどうするか──福祉と環境の都市構想』（共著、岩波書店、2011年）、『農家が消える──自然資源経済論からの提言』（共編著、みすず書房、2018年）、『輝く農山村──オーストリアに学ぶ地域再生』（共編著、中央経済社、2018年）など。［**第3章3、4**］

安達智則（あだち・とものり）

東京自治問題研究所主任研究員、都留文科大学講師、健和会医療福祉調査室室長。編著として、『どんな東京をつくるか』（萌文社、2003年）、『介護の質「2050年問題」への挑戦』（クリエイツかもがわ、2012年）、『学校が消える──公共施設の縮小に立ち向かう』（旬報社、2018年）、『都民とともに問う、都立病院の「民営化」～狙われる地方独立行政法人化』（かもがわ出版、2019年）など。［**第1章6、7**］

一般社団法人東京自治問題研究所

1982年設立、月刊『東京』を発行。2019年1月号で400号を数える。東京の都市・地域問題を実証的に探究、社会・経済・環境・福祉・教育・医療・文化・歴史・行財政など、関係するあらゆる分野において調査・研究・学習をすすめ、調査報告書や書籍の発行、講演会・シンポジウム・学習会などを精力的に行っている。

東京都豊島区南大塚2-33-10

電話03-5976-2571　FAX03-5976-2573

E-mail: tokyo-jichiken@clock.ocn.ne.jp

https://tokyojichimonken.fc2.net/

https://www.facebook.com/102202944605478

https://twitter.com/tokyojichiken

［著者紹介］

久保木匡介（くぼき・きょうすけ）
長野大学環境ツーリズム学部教授。専門は行政学、地方自治論。『現代イギリス教育改革と学校評価の研究――新自由主義国家における行政統制の分析』（花伝社、2019年）。［**第1章1**］

永山利和（ながやま・としかず）
東京自治問題研究所副理事長、元日本大学教授。専門は労働経済論、中小企業論。『公契約条例がひらく地域の仕事・くらし』（自治体研究社、2019年）。［**第1章2**］

丸山真央（まるやま・まさお）
滋賀県立大学人間文化学部教授。専門は都市社会学、地域社会学。『さまよえる大都市・大阪――「都心回帰」とコミュニティ』（共編著、東信堂、2019年）。［**第1章3**］

尾崎正峰（おざき・まさたか）
一橋大学大学院社会学研究科教授。人間・社会形成研究講座。専門はスポーツ社会学。『12の問いから始めるオリンピック・パラリンピック研究』（共著、かもがわ出版、2019年）。［**第1章4**］

氏家祥夫（うじいえ・よしお）
東京都庁職員労働組合顧問、都立病院の充実を求める連絡会代表委員。専門は都政政策論。『明日への東京宣言』（共著、本の泉社、2007年）［**第1章5**］

石橋映二（いしばし・えいじ）
東京自治問題研究所常務理事。専門は地方税制。『二つの自治体再編戦略』（共著、東京自治問題研究所、2017年）。［**第1章8**］

児美川孝一郎（こみかわ・こういちろう）
法政大学キャリアデザイン学部教授。専門は教育学。『高校教育の新しいかたち』（泉文堂、2019年）。［**第2章1**］

児玉洋介（こだま・ようすけ）
東京総合教育センター所長。専門は教育相談。『登校拒否・不登校問題のこれからを考えよう　その2』（共著、全国登校拒否・不登校問題研究会、2018年）。［**第2章2**］

西林勝吾(にしばやし・しょうご)
立教大学社会情報教育研究センター助教。専門は経済学史、環境経済学。「クネーゼの水質管理論」環境経済・政策学会編『環境経済・政策学事典』(分担執筆、丸善出版、(2018年)。[**第3章1**]

藤井康平(ふじい・こうへい)
神奈川大学人間科学部非常勤講師。専門は環境・エネルギー政策論。「農山村ゲマインデの多様な自治の姿」寺西俊一・石田信隆編著『輝く農山村──オーストリアに学ぶ地域再生』(分担執筆、中央経済社、2018年)。[**第3章2**]

羽島有紀(はじま・ゆうき)
駒澤大学経済学部講師。専門は経済理論・エコロジー経済学。「資本主義的生産様式における「自然の無償性」とは何か?」岩佐茂・佐々木隆治共編『マルクスとエコロジー──資本主義批判としての物質代謝論』(分担執筆、堀之内出版、2016年)。[**第3章3**]

林 公則(はやし・きみのり)
明治学院大学国際学部准教授。専門は環境経済学・環境政策論。『軍事環境問題の政治経済学』(日本経済評論社、2011年)。[**第3章4**]

佐藤克春(さとう・かつはる)
大月短期大学准教授。専門は環境経済学・環境政策論。『市街地土壌汚染問題の政治経済学』(旬報社、2015年)。[**第3章5**]

中澤 誠(なかざわ・まこと)
全労連・全国一般東京地本東京中央市場労働組合執行委員長。『築地移転の闇をひらく』(共著、大月書店、2016年)。[**第3章6**]

市川隆夫(いちかわ・たかお)
臨海部開発問題を考える都民連絡会(略称:臨海都民連)事務局長。専門は東京都港湾局の開発行政批判。[**第3章7**]

岡田昭人(おかだ・あきと)
早稲田大学都市・地域研究所招聘研究員。専門は地域計画、住宅政策、主体形成論。『まちづくり市民事業』(共著、学芸出版社、2011年)。[**第3章8**]

阿部俊彦(あべ・としひこ)
早稲田大学都市・地域研究所招聘研究員。専門は都市デザイン、都市計画、事前復

興、復興まちづくり。『まちづくり教書』（共著、鹿島出版会、2017年）。［**第3章8**］

森山 治（もりやま・おさむ）

金沢大学教授。専門は社会福祉学。『社会保障抑制政策下における在宅介護者支援制度の形成に対する視座──フィンランドの親族介護支援制度の動向を参考に』（共著、医療福祉政策研究2巻1号〈2019年〉）。［**第4章1**］

鈴木力雄（すずき・りきお）

岩手県立大学社会福祉学部准教授。専門は高齢者福祉論。『東京における第6期1号介護保険料の実態とその分析』（岩手県立大学社会福祉学部紀要20巻〈2018年〉）。［**第4章2**］

伊藤 剛（いとう・たけし）

東京都保育問題協議会事務局長。［**第4章3**］

中島明子（なかじま・あきこ）

和洋女子大学名誉教授、NPO法人すみださわやかネット理事長。専門は居住学。『HOUSERs ハウザーズ──住宅問題と向き合う人々』（編著、萌文社、2017年）。［**第4章4**］

村田悠輔（むらた・ゆうすけ）

東京自治問題研究所研究員。専門は生活保護法。『判例 生活保護 わかる解説と判決全データ』（共著、山吹書店、2020年）。［**第4章5**］

小野 浩（おの・ひろし）

きょうされん常任理事、政策・調査委員長。専門は障害福祉。『障害のある人が社会で生きる国　ニュージーランド』（共著、ミネルヴァ書房、2013年）。［**第4章6**］

原田仁希（はらだ・にき）

首都圏青年ユニオン執行委員長。若者の労働問題解決のために発信や活動をしている。また、最低賃金1,500円を求める市民運動団体エキタスでも活動。［**第4章7**］

青龍美和子（せいりゅう・みわこ）

東京法律事務所弁護士。民事、刑事、家事、労働事件等を主に担当。『季刊・労働者の権利』（320号〈2017年〉、「特集I労働契約法18条・20条の活用／メトロコマース事件の経過と現状」）。［**第4章8**］

西嶌和徳（にしじま・かずのり）

東京自治問題研究所理事。［**おわりに**］

図説 東京の論点
──小池都政を徹底検証する

2020 年 5 月 15 日 初版第 1 刷発行

編著者	山本由美・寺西俊一・安達智則・一般社団法人東京自治問題研究所
カバー・本文デザイン原案	宮脇宗平
DTP	平澤智正
発行者	木内洋育
発行所	株式会社 旬報社
	〒162-0041 東京都新宿区早稲田鶴巻町544
	TEL 03-5579-8973　FAX 03-5579-8975
	ホームページ：http://www.junposha.com/
印刷製本	中央精版印刷株式会社

ISBN978-4-8451-1637-9